# DIALOGUES SOCRATIQUES,

OU

# ENTRETIENS

SUR DIVERS SUJETS

DE

# MORALE.

*Nouvelle Edition, revue, corrigée & augmentée par l'Auteur de deux nouveaux Dialogues.*

M. DCC. LV.

# *AVERTISSEMENT.*

CES DIALOGUES ont été composés à Geneve, par M. VERNET, Professeur en Histoire & en Belles-Lettres, pour l'instruction de *S. A. S. le Prince Héréditaire de Saxe-Gotha*, dans le tems qu'étudiant l'Histoire il en étoit à la vie de Socrate.

On s'y est proposé un double but. On a voulu donner au Prince des exemples de la manière dont ce Philosophe instruisoit par des conversations familières, prenant occasion de tout ce qui s'offroit à lui, pour élever peu à peu l'esprit à des réflexions importantes ; & l'on a tâché de faire servir ces mêmes exemples à instruire le Prince sur divers sujets de Morale.

Les Interlocuteurs qu'on a choisis, sont Socrate & Evagore Prince de Salamine en Chypre, qu'on suppose être allé jeune à Athenes pour y faire ses études.

Au reste ce Dialogue & ceux qui suivront, serviront en même tems à faire connoître dans quel goût on enseigne l'Histoire au Prince. Dans l'Histoire ancienne, on dirige tout à un but moral. Au lieu de lui charger la mémoire de noms, de menus faits & de dates, on se contente de lui montrer la chaîne des principaux événemens. On s'arrête sur-tout à la vie des Hommes illustres, & on lui en fait le portrait; après quoi il en juge lui-même, approuvant ou blâmant telle ou telle action, & rendant raison de son jugement; ce qui sert à lui former tout à la fois l'esprit

& le cœur. Les exemples inſtruiſent mieux que les préceptes, parce qu'ils ſont plus frappans, qu'ils s'impriment mieux dans la mémoire & qu'ils amuſent davantage.

Après que le Prince aura parcouru de cette manière l'Hiſtoire ancienne, il s'appliquera ſelon la même méthode à l'Hiſtoire moderne; avec cette différence qu'étant alors plus avancé en âge & parcourant des événemens qui ont plus de liaiſon avec les affaires de notre tems, il joindra la partie politique à la partie morale. Ainſi il apprendra non-ſeulement quels ſont les exemples qu'il faut imiter pour ſe former à la vertu, & quelles bénédictions attire ſur ſoi un Prince religieux, mais il obſervera auſſi quelles ſont les diverſes formes de Gouvernement ; par quels moyens on peut faire fleurir un Etat ; comment il faut s'accommoder à leur différente Conſtitution ; quelles ſont les fautes commiſes par tels ou tels Princes, dans le Gouvernement ; le ſort bien différent qu'ont eu les Souverains chéris de leur Peuple, & ceux qui s'en ſont fait haïr. En un mot, on lui préſente l'Hiſtoire comme un tableau inſtructif ; & par les exemples joints au raiſonnement, on travaille à former en lui l'Honnête-Homme, le Chrétien, le Fils, l'Ami, l'Epoux, le Pere & le Souverain.

# *AVERTISSEMENT*

## DU LIBRAIRE.

*ON a loué Socrate d'avoir fait descendre la Philosophie du Ciel, pour l'introduire dans les Villes & dans le Commerce des hommes : c'est-à-dire que laissant l'Astronomie & la Physique il s'étoit plutôt attaché à la Politique & à la Morale, tournant ainsi la sagesse à l'usage de la vie civile, & s'appliquant sur-tout à former dans chaque condition des hommes prudens & vertueux ; ce qui est infiniment préférable à ces sciences qui ornent l'esprit sans rendre l'homme meilleur.*

*Pour parvenir à ſon but, Socrate tâchoit ſur-tout d'inſpirer l'amour de la vérité aux jeunes gens en qui il découvroit le plus de génie; & ſa façon d'inſtruire n'étoit pas de leur faire des diſcours de parade, mais de lier avec eux des converſations familières, où par une ſuite de queſtions adroitement ménagées, chaque matière, comme dit M. Rollin, étoit développée & préſentée dans un ordre ſi ſimple, ſi naturel, ſi précis, qu'il forçoit en quelque ſorte, ceux à qui il parloit, de lui dire ce qu'il avoit en vue, & leur faiſoit trouver dans leur propre fonds la réponſe à toutes les queſtions qu'il leur propoſoit.*

*C'eſt dans ce goût de Philoſophie morale & avec cette méthode inſinuante qu'on a eſſayé de faire ici parler Socrate, à l'imitation des Dialogues de Platon, mais avec moins de profondeur & plus de brièveté. L'Auteur, qui est Mr.* VERNET, *Professeur en Histoire & en Belles-lettres à Geneve, déja connu par son traité* de la Vérité de la Religion Chrétienne, *nous apprend lui-même, dans l'avertissement qu'on vient de lire, quelle fut l'occasion qui l'engagea à ce travail: c'est dequoi il faut se souvenir pour avoir la clef de tout ce qu'il dit. On voit par là à qui il en veut par son* Evagore, *& pourquoi il traite certains sujets, qui étoient souvent des sujets donnés. Tout y est tellement approprié au Prince pour lequel il travailloit, que la description même d'un beau paysage qu'on verra au second Dialogue, n'est autre chose que la vue du château de* Gotha.

*Le jeune Prince faisoit imprimer ces Dialogues à Geneve & à Paris, à mesure que l'Auteur les lui fournissoit, mais sans permettre qu'on en imprimât plus de trente exemplaires pour lui & pour sa maison. Il les fit aussi traduire en Allemand pour le même usage; mais bientôt ces Brochures rompirent l'espéce de clôture où on les retenoit. Un Libraire de Halle en Saxe, eut communication de six de ces Dialogues, & sans la participation de l'Auteur, il les fit imprimer in-12 en 1753. Aussi-tôt il s'en fit une traduction en Anglois avec une belle préface, par Mr. Maclaine, Ministre de l'Eglise Anglicane à la Haye: & l'on vient même de les insérer tout au long dans un livre qui s'annonce sous un vieux titre, quoiqu'au fond ce soit un livre nouveau; je veux dire* la Science de l'Homme de Cour, de Robe & d'Epée, *imprimée en Hollande, en 18 tom. in-12.*

*Le succès qu'ont eu ces Dialogues en Allemagne, en Hollande & en Angleterre, où déja on les met entre les mains de toute la jeunesse d'un certain ordre, non-seulement comme un exemple ingénieux de la méthode d'un grand Philosophe, mais comme une lecture des plus propres par sa matière à former l'esprit & le le cœur; le succès, dis-je, m'a fait juger que cet ouvrage ne seroit pas reçu en France avec moins d'empressement, sur-tout dans un siécle où l'esprit ne tourne que trop au frivole & à l'irréligion.*

*J'ai donc entrepris de le mettre aussi sous presse, mais non sans l'aveu de l'Auteur; ce qui m'a valu de sa part la communication des deux derniers Dia-*

*logues, qui avoient échappé au Libraire de Halle & par conséquent à tous ceux qui n'ont travaillé que d'après lui.*

*Ainsi je donne huit Dialogues au lieu de six, & par là mon édition est complette ; car c'est tout ce que l'Auteur a fait & veut faire en ce genre. Je laisse aussi à juger aux yeux du Lecteur quel avantage peut avoir mon travail sur celui du Libraire de Halle, pour la beauté de l'impression.*

# DIALOGUES *SOCRATIQUES.*

## PREMIER DIALOGUE.

*Des devoirs de l'Homme & du Prince.*

SOCRATE, EVAGORE.

*Socrate.*

PEUT-on vous demander, Evagore, ce que vous regardiez avant-hier si attentivement dans ce grand Jardin, qui est sur le chemin de Pyrée ?

*Evagore.* Quoi, vous y étiez auſſi, Socrate ? Je ſuis fâché de ne vous avoir point apperçu ; j'aurois bientôt quitté ce que je regardois, pour vous aller joindre.

*Soc.* Je reconnois-là votre politeſſe & votre amitié : mais que je ſache pourtant ce que vous auriez quitté pour moi.

*Evag.* La préférence n'eſt pas flateuſe ; ce n'étoit qu'un paon que je regardois.

*Soc.* Un paon ! vous me parlez là du plus bel oiſeau qu'il y ait dans la Nature, & je vous ſçai gré en vérité, de vous être si-tôt décidé pour moi.

*Evag.* Il est vrai, que rien n'est plus beau que toute la figure de cet oiseau : son port & sa démarche ont quelque chose de noble & de majestueux : son plumage d'un fond verd est diversifié de plusieurs nuances : son cou est d'un bleu changeant ; ensorte qu'à chaque mouvement qu'il fait, sur-tout aux rayons du soleil, on y voit briller les plus belles couleurs, l'or, l'azur & le pourpre : sa tête est ornée d'une aigrette, ou d'un panache, qui efface assurément le diadème du Grand

Roi. * Et pour ſa queue, toute parſemée des yeux d'Argus, à ce que dit la Fable, il faut avouer que quand il l'étale, & qu'il en fait comme un éventail, on ne vit jamais d'étoffe ſi magnifique.

*Soc.* Vous dépeignez fort bien les beautés de cet oiſeau ; mais vous ne me dites rien de ſon chant.

*Evag.* Oh ! pour le chant, n'en parlons pas ; il ne répond point à tout le reſte : ce n'eſt qu'un vilain cri glapiſſant, qui choque l'oreille.

* C'eſt ainſi qu'on appelloit le Roi de Perſe.

*Soc.* Vous voyez que toutes les perfections ne ſe rencontrent pas enſemble : la nature a ſçu mettre par-tout de juſtes compenſations. Mais vous accommoderiez-vous mieux d'un cygne ?

*Evag.* Oui, s'il étoit vrai qu'il eût un chant mélodieux, comme le diſent les Poëtes. J'ai ſouvent eu occaſion d'admirer ſa blancheur éclatante, & cet air noble & aiſé, dont il porte la tête en flottant ſur l'eau : mais je n'ai jamais eu le bonheur de l'entendre chanter.

*Soc.* Ce n'eſt pas la première

fois que les imaginations poëtiques s'éloignent de la nature & de la vérité. Vous aimeriez donc mieux un oiseau qui chante ?

*Evag.* Oui, sans comparaison. Car quoiqu'on soit d'abord frappé d'une belle figure & d'un beau plumage, il faut avouer qu'on s'en lasse bientôt : l'a-t-on vu un quart-d'heure ? tout est vu : on s'ennuieroit à le regarder plus long-temps ; & si par malheur le paon s'avise d'ouvrir le bec, il y a de quoi s'enfuir : on lui diroit volontiers, laissez vous voir, mais taisez-vous ;

au-lieu que j'ai un ſerin au logis. . . . .

*Soc.* Eh bien, votre ſerin vous amuſe davantage?

*Evag.* Beaucoup plus: il vous amuſeroit vous-même, Socrate, ſi vous l'écoutiez. En vérité, il eſt charmant. C'eſt un ramage, ce ſont des tons, des ports de voix, des airs ſi variés & ſi agréables, que chaque jour c'eſt un nouveau plaiſir.

*Soc.* Dites-moi, mon cher Evagore, s'il ſe préſentoit à vous un homme de grand air, à grande parure, & à grand équipage, cela ſuffiroit-il pour vous plaire ?

*Evag.* Oh non, car il pourroit bien reſſembler au paon ; belle plume, & vilain ramage. Pour juger de ce qu'il vaut, il faudroit l'entendre parler.

*Soc.* C'eſt-à-dire, que s'il parloit mal, s'il ſe montroit ignorant, vain, menteur, indiſcret, vous ne lui tiendriez pas compte de ſa belle chevelure, ni de ſes broderies à la Phrygienne ?

*Evag.* Il y a là de quoi éblouir les ſots ; mais au fond un pareil homme n'eſt bon à rien, & ce ſeroit une choſe bien triſte, que de paſſer ſa vie avec lui.

*Soc.* Puiſque vous vous arrêtez ſi peu à l'extérieur, qu'eſt-ce donc qu'il faut pour vous plaire ?

*Evag.* Ce que je trouve en vous, Socrate : vous ne vous piquez pas de beauté, & vous êtes le premier à badiner ſur ce que la nature ne vous a pas trop bien traité de ce côté-là : cependant tout le monde vous recherche ; vous parlez de tout ſi ſavamment, ſi agréablement, que l'on voudroit paſſer des jours entiers avec vous : au lieu qu'à peine peut-on ſupporter une heure la préſence d'un ſot & d'un ignorant, quelque beau & bien paré qu'il puiſſe être. Quelle différence ! excuſez la comparaiſon, mais il me ſemble que c'eſt comme le paon & le ſerin.

*Soc*. Ne me faites point d'excuſe : la comparaiſon eſt juſte, & dans le ſens que vous la prenez, elle me fait honneur. Permettez-moi ſeulement de remarquer que vous n'êtes pas tout-à-fait d'accord avec vous-meme.

*Evag*. Il ſe peut que ma légèreté m'ait joué ce tour-là. Heureusement vous êtes ici pour me redresser : quelle est donc cette contradiction que vous me reprochez ?

*Soc.* Quand je vous ai abordé, vous m'avez d'abord fait l'éloge du paon, en décrivant sa beauté avec une sorte d'admiration : cependant, bientôt après, vous avez fort maltraité, fort méprisé les hommes qui lui ressemblent. Est-ce là tenir la balance égale ? Il falloit aussi louer ces gens-là jusqu'à un certain point, en ajoutant qu'il leur manque pourtant quelque agrément du côté de l'esprit & du langage.

*Evag*. Oh ! pour le coup, Socrate, je ne crois pas avoir tort. Eſt-ce donc que l'on doit louer un homme par les mêmes qualités qu'un animal ? Et ce qui eſt un éloge pour l'un, l'eſt-il auſſi pour l'autre ? Il ſemble en vérité, qu'un homme doit ſe diſtinguer par d'autres endroits.

*Soc*. Et par quels endroits, je vous prie ?

*Evag*. Par des choſes qui conviennent à l'homme.

*Socrat*. Eſt-ce, par exemple, par la légèreté à la courſe, ou par l'exercice de la chaſſe ?

*Evag.* Non, car les animaux nous ſurpaſſent de ce côté-là : nous ne courrons jamais ſi bien qu'un cerf, & nous ne chaſſerons jamais mieux qu'un épervier.

*Soc.* Vous faites ſans-doute bien plus de cas d'un habile lutteur, tel que Milon, qui fait à préſent tant de bruit ?

*Evag.* C'eſt une qualité qui vaut ſon prix ; mais pourtant. . . . .

*Soc.* Quoi, pourtant ? Vous

n'admirez pas qu'on puiſſe porter un bœuf ſur ſes épaules ?

*Evag.* Me permettrez-vous de le dire ? Il me ſemble qu'en ce cas-là, il y a peu de différence entre le fardeau & celui qui le porte.

*Soc.* Vous avez raiſon, & je vois bien que c'eſt par les qualités de l'eſprit que vous voulez qu'on loue les hommes. Sur ce pied-là un Aſtronome & un Poëte ſont bien à vos yeux des gens de mérite ?

*Evag.* Attendez, il y a en cela quelque choſe de vrai ; cependant je ne voudrois pas encore prononcer. Il me ſemble que l'idée d'homme de mérite emporte quelque choſe de plus.

*Soc.* Voulez-vous dire qu'il y a des qualités plus néceſſaires que celles-là, pour compoſer un homme de mérite ?

*Evag.* Oui, car il y a bien des gens de mérite, qui ne ſont ni Aſtronomes, ni Poëtes ; & il y a au contraire de ſavans Aſtronomes & de grands Poëtes, dont la perſonne eſt peu eſtimée.

*Soc.* Il faut donc qu'il y ait d'autres qualités plus eſſentielles à l'homme. Essayons de les trouver. Pour cela il n'y a qu'à voir de quoi l'on ne sauroit se passer. Croyez-vous, par exemple, que l'on pût se passer de bien raisonner ?

*Evag.* Non, car à quoi que l'on s'applique, il faut raisonner juste. Cela est nécessaire dans toutes sortes d'affaires, & à tous les momens de la vie. Sans la raison, nous ne serions pas au-dessus des bêtes brutes.

*Soc.* Peut-on bien raisonner, quand on est tout-à-fait ignorant ?

*Evag.* Non, si l'on n'entendoit pas les matières dont on raiſonne , on ſe méprendroit continuellement. Ne vous ai-je pas oui dire que raiſonner, c'eſt comparer des idées ? Or on ne ſauroit faire cette comparaiſon, ſi l'on n'a pas un aſſez grand nombre d'idées dans l'eſprit.

*Soc.* Vous croyez donc que l'uſage de la raiſon exige que l'on ait quelques connoiſſances & quelque ſcience ?

*Evag.* Il me paroît que cela eſt auſſi néceſſaire , que l'étoffe l'eſt à un tailleur pour travailler.

*Soc.* Supposé qu'un homme sçût bien des choses, & qu'il en raisonnât pertinemment, mais que ce fût un homme sans Religion & sans mœurs, l'appelleriez-vous un homme de mérite ?

*Evag.* Bien loin de là, je le regarderois comme d'autant plus méprisable, qu'il se démentiroit lui-même, en ne se servant pas de son esprit pour se rendre meilleur.

*Soc.* Vous convenez donc que la piété, la droiture, la bonté, la modestie, sont des qualités nécessaires à l'homme ?

*Evag.* Certainement : que ſeroit-ce qu'un homme injuſte, violent, diſſolu, & hautain ? Dans quel trouble ne vivroit-il point ? Que de maux ne cauſeroit-il pas dans le monde ? De qui ſeroit-il aimé ? Il ſeroit abhorré des Dieux & des hommes.

*Soc.* J'aime à vous voir parler avec feu ſur cet article : c'eſt la marque d'un cœur noble & bien fait. Mais ſouffrez que je vous mène un peu plus loin. Nous avons trouvé qu'un raiſonnement juſte, une certaine meſure de connoiſſances générales, & les bonnes mœurs, ſont des qualités eſſentielles à l'homme, ſans quoi il ſeroit très-mépriſable & très-malheureux. Mais croiriez-vous qu'un Peintre, par exemple, dût ſe contenter de ce que vous venez de dire?

*Evag.* Il me ſemble que dès qu'il a embraſſé cette profeſſion, il doit tâcher d'y exceller.

*Soc.* Vous croyez donc qu'outre le mérite eſſentiel à tout homme, il y a un mérite particulier qui convient à chaque condition?

*Evag.* C'eſt juſtement ce que

j'entendois. On a bien raiſon de dire que vous aidez les gens à penſer.

*Soc.* Ainſi, pour juger du mérite d'un homme, quelles queſtions lui feriez-vous, & à quels points croiriez-vous qu'il faudroit s'arrêter ? Faudroit-il ſimplement ſçavoir s'il a les qualités communes d'un honnête homme, d'un homme de bon-ſens, ou s'il a auſſi les qualités propres à ſon état ou à ſon emploi ?

*Evag.* Il me ſemble qu'on ne doit point ſéparer ces deux choſes. Ainſi après avoir demandé d'un tel homme, ſçait-il quelque choſe ? eſt-il raiſonnable ? eſt-il intègre ? Je demanderois encore, a-t-il les qualités particulièrement néceſſaires à ſa profeſſion ? ce Capitaine eſt-il brave ? ce Docteur eſt-il ſçavant ? ce vieillard eſt-il prudent ? cette mere a-t-elle ſoin de ſa famille ?

*Soc.* C'eſt fort bien raiſonner. Mais, dites-moi, je vous prie, la condition de Prince eſt-elle un emploi ou une profeſſion qui exige auſſi des qualités particulières ?

*Evag.* Oui, ſans doute ; le

propre d'un Prince eſt de bien gouverner.

*Soc.* Et qu'entendez-vous par bien gouverner ?

*Evag.* C'eſt faire que tout un peuple ſoit tranquille & heureux.

*Soc.* Et que doit faire pour cela un Prince ?

*Evag.* Il doit établir de bonnes loix, & les faire obſerver, en puniſſant les coupables, en protégeant les innocens, & en récompenſant le mérite. Il doit porter ſes ſujets à être religieux, ſobres, laborieux, pacifiques ; & leur apprendre pourtant à ſe défendre vaillamment contre d'injuſtes aggreſſeurs. Il doit faire fleurir l'Agriculture & les autres Arts, il doit maintenir l'ordre public; il doit veiller ſur toutes les familles, & ſur tous les Corps de l'Etat, afin d'obliger chacun à remplir ſon devoir.

*Soc.* On ne peut pas mieux expliquer les obligations d'un Souverain, & je vous loue d'y avoir ſi bien réfléchi à votre âge ; cela eſt d'un très-bon augure. Vous ne croyez donc pas qu'un Prince doive ſe contenter d'un mérite commun?

*Evag.*

*Evag.* Un mérite commun convient à une condition commune. Mais je comprens bien qu'un Prince doit aſpirer plus haut. Puiſqu'il a une plus grande tâche à remplir, il devroit être autant ſupérieur aux autres, en vertu & en lumières, qu'il l'eſt par ſon rang & par ſa dignité.

*Soc.* Souvenez-vous bien, Evagore, des grandes vérités que vous venez de dire. Mais, pour y parvenir, ſuffit-il de le ſouhaiter, & d'en avoir l'intention?

*Evag.* C'eſt déja beaucoup;

ce me ſemble, que de le vouloir ; car je vous ai ouï dire, que quand on veut fortement les choſes, on eſt en bon train d'y réuſſir. Il eſt cependant vrai, qu'avec les meilleures intentions du monde, on pourroit ſe méprendre, faute de capacité. Voilà l'embarras. Mais afin de vous faire des queſtions à mon tour, dites-moi, Socrate, comment on peut acquerir cette capacité ?

*Soc.* On l'acquiert par les leçons des habiles maîtres, quand on y apporte de l'attention & de la docilité. On a auſſi les ſecours des Livres choiſis, qui ſont une grande école. Mais je vous avertis qu'il n'y a rien de plus propre à former le cœur & le jugement, que les bons exemples, les bonnes converſations, & la bonne ſociété. C'eſt là une inſtruction continuelle & imperceptible, qui ne manque preſque jamais de produire ſon effet. Mais ce chapitre nous meneroit trop loin, ſi nous voulions l'entamer. En voilà aſſez pour aujourd'hui, & je m'apperçois que l'heure vous invite à vous retirer.

*Evag.* C'eſt bien à préſent, Socrate, que je dois vous demander pardon de ma comparaiſon du Serin. Je ne penſois d'abord qu'à l'agrément de votre converſation, & je vois que tout y eſt utile & inſtructif.

# SECOND DIALOGUE.

*Sur la néceſſité & le plaiſir qu'il y a de tourner ſes penſées vers* DIEU.

SOCRATE. EVAGORE.

*Soc.* QUe liſez-vous, mon chez Evagore ?

*Evag.* Je lis une relation aſſez ſingulière, que je ne ſçais s'il faut traiter d'Hiſtoire ou de Fable.

*Soc.* De qui vient-elle ?

*Evag.* Je l'ai trouvée en me promenant ; quelqu'un l'aura

ſans doute laiſſé tomber de ſa poche. J'ai commencé à la lire, ſans en comprendre encore le but. Voulez-vous que j'en reprenne la lecture avec vous, Socrate, & vous m'en direz votre ſentiment ?

*Soc.* Volontiers ; mais pour cela il faut nous aſſeoir un peu à l'écart. Voilà un bel arbre qui s'offre tout à propos : commencez.

*Evagore lit.*

» Un jeune homme, nommé » *Philothée*, étoit élevé dans un » Bourg de l'Epire, ſans con- » noître ſes parens. Sa curioſité

» croiſſant à meſure qu'il gran-
» diſſoit, il apprit enfin, à
» force de queſtions, qu'un
» accident l'avoit jetté ſur le
» rivage avec une nourrice qui
» ne vivoit plus; que ſon pere
» étoit d'un rang illuſtre, &
» ſe nommoit *Uranius :* mais
» qu'on ne ſçavoit ni de quel
» lieu il étoit, ni s'il vivoit en-
» core. On lui remit en même
» tems un bracelet d'or, trouvé
» dans ſon berceau, où avec
» le nom d'Uranius, il lut ces
» deux mots: *Penſe & cherche.*
» Cette découverte ne faiſant
» qu'enflammer le deſir qu'il
» avoit d'approfondir ſon ori-
» gine, il ſe déroba un ſoir

» avec *Euphron*, qui voulut
» bien être le compagnon de
» ſes aventures, & il alla s'em-
» barquer ſur un vaiſſeau Cor-
» cyréen, qui le mena droit à
» Corinthe. Après y avoir fait
» d'inutiles perquiſitions, il ré-
» ſolut de parcourir toutes les
» Villes & tous les Ports de
» la Grèce. Une année entière
» ſe paſſa dans cette recherche.
» Arrivé dans la Phocide, il ne
» manqua pas d'aller conſulter
» l'Oracle de Delphes, qui lui
» répondit qu'il trouveroit ce
» qu'il cherchoit dans un Pays
» dont les habitans ſont frères.
» Cette réponſe étant trop va-
» gue pour lui donner quelque

» lumière, il essaya encore de
» traverser la mer Egée, & de
» parcourir les côtes de l'A-
» sie. Mais il n'y trouva ni son
» pere Uranius, ni la fraternité
» dont avoit parlé l'Oracle : il
» ne voyoit au contraire par-
» tout que des gens divisés par
» l'intérêt, envieux, malins &
» toujours prêts à se nuire.
» Oh, que ceci est différent des
» lieux que je cherche ! disoit
» Philothée. Pour ne rien né-
» gliger, il lui prit envie d'al-
» ler encore visiter la Thrace,
» où l'on trouvoit quelques
» restes des Loix & des ins-
» tructions du sage Orphée. Il
» monta pour cet effet sur un

» vaiſſeau qui faiſoit route vers
» Boſphore. Mais à peine en-
» troient-ils dans le Détroit,
» qu'un furieux vent de midi
» les empêchant de prendre ter-
» re, pouſſa leur navire bien
» avant dans le Pont-Euxin,
» & le fit échouer ſur un banc
» de ſable, non loin de la pre-
» mière bouche du Danube.
» Chacun dans ce déſaſtre cher-
» chant à ſe ſauver, nos deux
» Voyageurs furent des plus
» heureux : car s'étant ſaiſis
» chacun d'une planche & de
» quelques proviſions, ils ſe laiſ-
» sèrent aller aux flots, qui dans
» cinq ou ſix heures les jettè-
» rent ſur un beau rivage. Après

» s'être essuyés au Soleil, & » avoir rendu graces aux Dieux, » leur premier soin fut de dé- » couvrir si cette terre étoit » habitée. Elle en avoit l'ap- » parence par un air de culture » dans la campagne, & par » quelques sentiers qu'on ap- » percevoit. Mais Euphron sou- » tint que ces indices ne prou- » voient encore rien, & que » ce pouvoit être un jeu du » hazard ou de la nature. Al- » lons donc plus avant, dit » Philothée ; que vois-je ? » des triangles & des figures » de Géométrie tracées sur le » sable ! Pour le coup vous ne » douterez pas que ce ne soient

» des pas d'homme. J'en con-
» viens, dit Euphron, d'autant
» plus que je commence à voir
» à notre gauche des champs la-
» bourés, & à droite un bois
» percé d'allées. Regardez auſſi
» ce côteau chargé de vignes,
» dont les pampres ſont rele-
» vés ſur des ormeaux. Voyez
» dans l'enfoncement du vallon
» ces prairies artiſtement arro-
» ſées, & au-deſſus un verger
» qui ne le céde point à celui
» d'Alcinoüs. Tout marque ici
» l'abondance & l'induſtrie ;
» mais je ne vois point encore
» de maiſon. Avancez, dit Phi-
» lothée, & vous découvrirez
» à travers ces arbres quelques

» cabanes, au milieu desquelles » s'élève un bâtiment antique ; » on le prendroit pour un tem- » ple. Quel air de grandeur, » & en même temps quelle » simplicité !

»Tandis qu'ils parloient ainsi, » ils virent une troupe de Ber- » gers qui s'avançoient en dan- » sant & en chantant un hymne, » la tête couronnée de fleurs, » & avec cet air d'alegresse & » d'union qui annonce des gens » heureux. Apprenez-nous, dit » Euphron à l'un d'entr'eux, » comment se nomme ce riant » séjour, où tout respire une » joie innoc ente ? O Etrangers,

» qui que vous ſoyez, répon-
» dit le plus âgé d'entr'eux, vous
» voyez ici le pays d'*Adelphie*,
» où l'on vit tous comme fre-
» res, & d'où *Lycurgue* même
» a tiré ſes meilleures Loix.
» C'eſt aujourd'hui la fête du
» Seigneur de ces lieux, que
» nous célébrons avec la gaieté
» que vous voyez, parce qu'en
» effet nous devons à ſes ſoins
» paternels tout le bonheur de
» notre vie. Où eſt ſa demeure,
» & comment ſe nomme-t-il?
» dit Euphron. Vous voyez ſon
» palais, répondit le Berger;
» ſon nom eſt *Uranius*. Ura-
» nius! qu'entends-je? s'écria
» Philothée. Pourſuivez, mon

» bon vieillard, dit Euphron, » & dites-nous ce que fait Uranius pour vous rendre ſi heureux? Les loix qu'il a établies, » répondit le Berger, ſont ſimples & en petit nombre, mais » toutes équitables & utiles ; » il n'y a qu'à les ſuivre pour » ſurpaſſer en ſageſſe les Philoſophes. Il nous aime tous » comme ſes enfans ; il pourvoit à nos beſoins ; il nous » corrige avec douceur, il modère nos paſſions ; il nous » fait aimer la raiſon & la » vertu ; il nous fait vivre en » paix, & il ſe plaît à nous » voir unis. Tout ce que vous » voyez ſont autant d'établiſ-

» ſemens faits de ſa main : d'un
» coup d'œil il voit tout, d'un
» ſeul mot il tient tout en rè-
» gle : chacun l'aime & l'ho-
» nore comme un pere ; c'eſt
» le ſujet de l'ode que nous
» chantons. Mais à quoi tient-
» il que vous ne jugiez du bon-
» heur de ceux qui vivent avec
» lui, par l'accueil que vous en
» recevrez vous-mêmes, quoi-
» qu'étrangers ? Je vais vous y
» conduire. Allons, dit Philo-
» thée, doublons le pas : le
» Ciel en ſoit loué ! Enfin (car
» je n'en doute plus) j'ai trouvé
» celui que je cherche. O mon
» pere ! mon cher pere ! quelle
» joie de vous connoître, &

» de trouver auprès de vous le » repos qui me fuit depuis si » long-temps ! de trouver en » vous tout-à-la-fois l'Auteur de » ma naissance, un sage, un pro- » tecteur, un ami, un bienfaiteur, » un guide ! Voici donc ma pa- » trie ; je n'en ai plus d'autre : ô » heureuse rencontre ! ô séjour » enchanté ! rien de plus tran- » quille que ces lieux, & c'est » mon pere qui y régne....

*Ici Evagore cesse de lire.*

*Soc.* Pourquoi vous arrêter en si beau chemin ?

*Evag.* Je ne m'arrête qu'a- vec mon papier ; il est malheureuſement déchiré en cet endroit, & nous ne pouvons ſçavoir la fin de l'hiſtoire qu'en devinant. Pour moi, je m'imagine que cette aventure aboutit à une reconnoiſſance touchante entre le pere & le fils; après quoi notre jeune homme n'eut plus rien à deſirer; il fut heureux le reſte de ſes jours. Qu'en penſez-vous, Socrate?

*Soc.* Je conjecture qu'en effet les choſes allèrent comme vous le dites, & ſi vous ſouhaitez que l'hiſtoire ſoit achevée, il me ſemble que vous pourriez bien en faire vous-même le ſupplément.

*Evag.* Oui , ſi ce n'étoit qu'une fiction ; mais c'eſt peut-être un récit véritable.

*Soc.* Véritable ou feint , le plus important eſt de voir s'il contient quelque-choſe d'inſtructif. Fût-ce une allégorie , elle doit renfermer quelque vérité.

*Evag.* Quelles vérités appercevez-vous ici, Socrate ?

*Soc.* Cherchons un peu. Mais dites-moi auparavant , ſi vous approuvez les ſentimens de Philothée ?

*Evag.* Si je les approuve !

rien n'eſt plus naturel que ce deſir de connoître ſes parens, & rien n'eſt plus juſte que la joie qu'il témoigne d'avoir trouvé ſon pere. C'eſt un autre Télémaque.

*Soc.* Vous n'êtes pas dans le même cas, Evagore, puiſque vous avez eu le bonheur d'être élevé dans le ſein de votre famille.

*Evag.* Il eſt vrai, c'eſt un ſujet d'actions de graces que j'ai à rendre aux Dieux.

*Soc.* Vous comprenez pourtant bien que vos parens ne ſont pas les premiers auteurs de votre être, & qu'il faut remonter à une cause supérieure, qui a formé le genre-humain, & qui est la source de toute intelligence.

*Evag.* En effet ; les raisonnemens que je vous ai souvent ouï faire, prouvent évidemment que l'homme est l'ouvrage de Dieu, comme toute autre partie de l'univers.

*Soc.* Ce premier Auteur de tous les êtres, ne l'appellerons-nous point notre pere ?

*Evag.* Il l'est véritablement dans le sens le plus juste & le plus sublime.

*Soc.* Que direz-vous donc de ceux qui ne ſe mettent point en peine de le connoître ?

*Evag.* C'eſt, je l'avoue, la marque, ou d'une étrange ſtupidité, ou d'un cœur bas & ingrat. Notre Philothée n'étoit pas de ce caractère.

*Soc.* Mais vous, Evagore, qui ſouhaitez de connoître votre Pere céleſte, où le chercherez-vous, & dans quels lieux croyez-vous qu'il habite ?

*Evag.* La ſouveraine intelligence ne ſauroit être renfermée dans un lieu ; elle remplit le ciel & la terre.

*Soc.* Nous pouvons donc la connoître ſans aller fort loin. Cette voûte azurée des Cieux, ce ſoleil reſplendiſſant , ces mers , ces iſles , ces montagnes, ces vallées, tout cela eſt ſon ouvrage & ſon domaine. Ainſi nous contemplons ſes œuvres , nous ſommes dans ſa maiſon , nous vivons de ſes biens. N'eſt-ce point là , Evagore, le pere le plus reſpectable , le vrai *Uranius* que nous devons chercher ?

*Evag.* Voilà donc la clef de l'Allégorie. Je commence à ſoupçonner que celui qui l'explique ſi heureuſement , pourroit bien l'avoir faite, & ce ne feroit pas la première fois que vous auriez employé de femblables moyens pour piquer la curiofité des jeunes gens. Vous fouriez, Socrate... Ah! je vois bien...

*Soc.* Qu'importe, Evagore, de quelque main que ce papier vienne? il s'agit d'en tirer ce qu'il peut contenir d'utile. Ne vous paroît-il pas que c'eft une chofe très-fatisfaifante, que de découvrir ainfi dans toute la nature la main de fon Auteur?

*Evag.* Ce doit être pour le moins le même plaifir que celui qu'eut qu'eut Philothée à trouver ſon père.

*Soc.* En effet, Evagore, la connoiſſance de Dieu eſt la plus belle que l'on puiſſe acquerir. Elle arrange toutes nos idées, en nous faiſant trouver la clef du ſyſtème de l'univers, & par conſéquent, c'eſt le principe le plus fécond qu'on puiſſe avoir en Philoſophie. Mais elle a encore de plus grandes utilités.

*Evag.* Et quelles, Socrate?

*Soc.* Son plus grand uſage eſt d'ennoblir notre ame, de calmer nos paſſions, & de régler nos mœurs.

*Evag.* Comment cela ?

*Soc.* Ne croyez-vous pas qu'il eſt fort utile d'avoir devant les yeux d'excellens modéles ?

*Evag.* Oui, ſans doute ; rien ne nous excite plus à chercher la perfection, & rien ne nous aide mieux à y parvenir.

*Soc.* Mais en parcourant l'humanité, vous trouverez par-tout beaucoup d'imperfections & de vices.

*Evag.* Cela n'eſt que trop vrai.

*Soc.* Il n'en eſt pas de même en vous élevant à Dieu.

*Evag.* Non, j'ai alors dans l'esprit l'idée de l'Etre le plus pur, le plus juste, & le plus grand que l'on puisse concevoir.

*Soc.* Ne croyez-vous donc pas qu'il seroit beau & utile à l'homme de suivre ce grand exemple?

*Evag.* Oui, ce seroit le vrai héroïsme; mais l'homme n'en est pas capable.

*Soc.* Il est vrai que l'homme ne sauroit approcher d'un si parfait modéle, mais il doit toujours se le proposer, afin d'avoir dans l'esprit l'idée du *Beau* éminent; & il y a bien des cas où cette idée peut le porter à de belles actions.

*Evag.* En quels cas, par exemple ?

*Soc.* Qu'un Prince ou un Juge se propose d'imiter Dieu; il sentira tout d'un coup avec quelle équité, quelle sagesse, & quelle impartialité il doit rendre la justice. Il n'a qu'à se dire à lui-même : comment Dieu gouverneroit-il les hommes, s'il les gouvernoit immédiatement & visiblement? Ceux qui sont ses Lieutenants en terre doivent donc gouverner de la même manière. Voilà une Morale abbrégée, mais excellente. Dites-moi encore, Evagore : ſi vous étiez toujours auprès d'un homme vénérable, oſeriez-vous faire ou dire quelque-choſe de mauvais ou d'indécent ?

*Evag.* Non, Socrate : j'ai ſouvent éprouvé, par exemple, que votre ſeule préſence m'inſpiroit de la retenue.

*Soc.* Combien plus devons-nous être retenus par l'idée de la préſence de Dieu, qui nous environne & qui ne nous perd jamais de vue ? Comment ſe permettre une fraude, un menſonge, une action deshonnête, une ingratitude, ou un trait d'orgueil, ſous les yeux de l'Etre le plus pur, dont nous ne manquerions point d'attirer par-là l'indignation ?

*Evag.* Je ſuis frappé de ce que vous dites, Socrate; mais cette réflexion, ſi on la faiſoit toujours, ne nous tiendroit-elle pas dans une trop grande crainte ? & cependant vous me faiſiez entendre que penſer à Dieu eſt une choſe agréable. Comment cela s'accorde-t-il ?

*Soc.* Vous m'avez dit obligeamment, Evagore, que ma présence vous inspire de la retenue ; je ne vois pourtant pas qu'elle vous paroisse incommode.

*Evag.* Bien loin de-là, Socrate, elle m'est aussi agréable qu'utile, & je serois bien fâché d'en être privé. Je conçois donc à présent qu'être retenu par le respect, par l'estime, par la reconnoissance, ce n'est point une gêne ; c'est au contraire le plus doux de tous les liens : il n'y a personne à qui l'on craigne tant de déplaire qu'à ceux qu'on aime le plus.

*Soc.* Vous avez très-bien ſaiſi la choſe, Evagore, & par-là vous devez juger, que s'il eſt agréable de penſer à un Etre qui réunit toutes les perfections, il l'eſt encore plus de pouvoir appeller cet Etre notre Pere; de remarquer partout ſa main bien-faiſante; de nous repoſer ſur ſa bonté & ſur ſa ſageſſe qui fait tout pour le mieux, & d'eſpérer enfin que ſi nous imitons ſes vertus, il nous communiquera ſon bonheur. O mon cher Evagore, que cette penſée eſt douce! qu'elle eſt conſolante dans toutes les perplexités de la vie! Vous m'avez dit quelquefois que vous me trouviez l'eſprit ſerein. . . . .

*Evag.* Il eſt vrai ; j'ai ſouvent admiré cette tranquillité & cette bonne humeur conſtante, qui vous met au-deſſus de tous les événemens, & qui vous rend plus content que tous ceux qu'on appelle gens de plaiſir ou gens de fortune.

*Soc.* S'il eſt vrai que je poſſéde à un certain degré cet avantage ineſtimable, ſachez, Evagore, que je le dois ſurtout aux réflexions que vous venez d'entendre ; ce ſont mes penſées favorites, c'eſt ma joie & mon tréſor.

*Evag.* Vous m'animez moi-même en parlant ainſi. Mais il nous manque pourtant la ſatisfaction de voir & d'entendre ce Pere céleſte.

*Soc.* Non, Evagore, cette ſatisfaction ne nous eſt point refuſée. Puiſque c'eſt un Eſprit préſent par-tout, il connoît donc nos penſées, & il peut nous communiquer les ſiennes.

*Evag.* Je comprends bien qu'il connoît ce qui ſe paſſe dans notre ame ; mais comment ſe fait-il entendre à nous ?

*Soc.* Quand vous liſez un Livre, ne vous ſemble-t-il pas

que l'Auteur vous parle ? Ne comprenez-vous pas ſes ſentimens ? ne découvrez-vous pas ſes vues ? En un mot n'y a-t-il pas une ſorte d'entretien entre lui & vous ?

*Evag.* Cela eſt vrai.

*Soc.* Eh bien, Evagore, la Nature eſt comme un grand Livre, où la ſouveraine Intelligence nous parle fort diſtinctement par le ſpectacle, quoique muet, des objets qu'elle a créés, & du bel ordre qu'elle y a mis. Mais il y a plus ; ſa voix ſe fait auſſi entendre au dedans de nous.

*Evag.* Comment cela ?

*Soc.* N'eſt-il pas vrai que nous avons des idées claires de la vérité, tellement que ſi l'on nous propoſe une abſurdité, nous ſentons une certaine répugnance à l'admettre ; & ſi au contraire on nous dit des choſes qui conviennent à ces idées claires, notre eſprit y acquieſce néceſſairement.

*Evag.* Oui ; c'eſt là, je penſe, ce que les Philoſophes appellent les premiers principes, ſur quoi ſe fondent tous nos raiſonnemens dans les Arts & dans les Sciences.

*Soc.* Et par rapport à la conduite de la vie, n'avons-nous pas aussi une règle, ou des principes, qui nous font connoître ce qui est bien ou mal, ce qui est juste ou injuste ?

*Evag.* Oui ; c'est de-là que se déduit toute la morale ; & de-là vient aussi que l'homme, ou s'approuve soi-même, ou se désapprouve & se fait des reproches, selon qu'il a suivi ou violé cette règle.

*Soc.* Dépend-il de nous, Evagore, de changer ou d'effacer entièrement de notre esprit ces premières idées de vérité & de justice ?

*Evag.* Je ne le crois pas : on ne sauroit s'empêcher de croire, par exemple, que l'Etre infini est au-dessus de l'être fini ; que l'ingratitude est blâmable ; qu'il faut préférer le plus grand bien au moindre ; qu'il faut agir envers les autres comme nous voulons qu'ils agissent envers nous. Ce sont là autant d'axiomes invariables, reçus en tout tems & en tout lieu.

*Soc.* Mais ce discernement intellectuel & cet instinct moral, d'où nous viennent-ils ?

*Evag* De nous-mêmes, de notre raison.

*Soc.* Fort bien ; mais qui nous a donné cette raiſon, & qui a imprimé dans notre eſprit ces idées ineffaçables qui ſervent de baſe à tous nos raiſonnemens ?

*Evag.* Je vois bien que ce ne peut être que l'Auteur de notre exiſtence, le même qui a ſi bien réglé cet Univers.

*Soc.* En effet, Evagore ; c'eſt l'Etre ſuprême, qui nous a donné cette direction intérieure, & qui nous parle par ces avertiſſemens ſecrets de notre raiſon. Voilà le bon génie que je me vante d'avoir pour guide, & qui le seroit également de tous les hommes, s'ils le vouloient consulter. Peut-être la bonté de Dieu le portera-t-elle un jour à nous parler plus ouvertement, & à employer le langage humain pour se faire entendre à nos oreilles. * Mais en attendant

* On n'attribue rien ici à Socrate qui ne soit conforme à ses sentimens, comme on peut le voir dans deux Dialogues de Platon. Dans celui qui est intitulé *Epinomis*, Platon, après avoir dit que la piété est la chose du monde la plus desirable, ajoute : *Mais qui sera en état de l'enseigner, si Dieu ne lui sert de guide?* Dans celui qu'il nomme *le second Alcibiade*, il fait dire à Socrate, que pour connoître ce qui est agréable aux Dieux, *le plus sûr parti est d'attendre que la Divinité prenant pitié de nous, envoie quelqu'un pour nous instruire*. A quoi le Disciple ajoûte *J'espére de la bonté de Dieu que ce tems n'est pas fort éloigné.*

que cela arrive, liſons dans le grand Livre de la Nature qu'il a ouvert ſous nos yeux, & écoutons auſſi la voix ſecrette de notre cœur, qui eſt comme un fidéle interpréte de ſes volontés.

*Evag.* Il le faut ſans doute; mais je voudrois que cela fût plus frappant.

*Soc.* Il l'eſt aſſez pour un eſprit attentif.

*Evag.* Mais comment acquerir cette attention? Comment ſe rendre préſentes & familières les belles idées dont vous parliez tout-à-l'heure?

*Soc.* L'éſprit attentif, ſi néceſſaire en quoi que l'on veuille réuſſir, s'acquiert en général par une habitude d'application excitée peu à peu & ſoutenue journellement. Mais quand il s'agit particulièrement de bien ſaiſir les vérités morales & intellectuelles, il faut éviter le tumulte des paſſions, & fuir un genre de vie trop diſſipé & trop ſenſuel: il faut s'accoutumer de bonne heure à rentrer en ſoi-même, & à s'arrêter aux idées diſtinctes que la raiſon nous préſente; il faut la conſulter, ſur tout ce que l'on ſent & ce que l'on voit; il faut conſidérer l'ordre & le but des choſes, & en chercher le principe & la fin ; en un mot, il faut s'appliquer à démêler la partie ſpirituelle de ce qui n'eſt que matériel. Par exemple.....

*Evag.* Bon, car ce ſont des exemples qu'il me faut; c'eſt par-là, Socrate, que vous ſçavez ſi bien vous mettre à la portée de tout le monde.

*Soc.* En voici donc. Je vous ſuppoſe d'abord dans la ſolitude, éloigné des objets qui frappent le plus nos ſens, & dans une parfaite tranquillité de corps & d'eſprit : cette ſituation, Evagore, vous paroîtra peut-être la moins propre à vous rappeller l'Auteur de tout ce qui existe. Cependant, sans sortir de vous, & en ne faisant attention qu'à ce qui se passe en vous-même, vous ne sauriez-vous empêcher d'appercevoir que l'intérieur de votre corps est dans un mouvement continuel, & que votre esprit a une suite de perceptions. Or ces mouvemens & ces perceptions, qui sont involontaires en vous, & qui se produisent sans le concours d'aucun agent sensible, vous fournissent une occasion bien naturelle de vous élever à celui qui a conſtitué de cette manière & votre ame & votre corps.

*Evag.* Mais la ſolitude, Socrate, & ſur-tout le ſilence de la nuit, inſpirent je ne ſçai quelle terreur ſecrette, qui empêche, ce me ſemble, qu'on ne ſe livre à ces ſortes de réflexions.

*Soc.* C'eſt-là, il eſt vrai, le premier effet que produiſent ſouvent les ténébres & la ſolitude ſur l'ame des jeunes-gens. Mais quoi de plus propre à diſſiper cette impreſſion de crainte & à nous raſſurer dans ces momens-là, que de penſer qu'il y a un Surveillant univerſel, qui eſt toujours près de nous, qui nous garde, & qui a tellement diſpoſé les choſes, que rien ne peut troubler la ſubordination des êtres, ni l'ordre qu'il a établi dans l'Univers.

*Evag.* Je ſens cette vérité, Socrate; & il me paroît que la confiance qu'elle inſpire doit encore augmenter, quand on penſe que nous pouvons nous attirer une protection & une bienveillance encore plus particulière de Dieu, ſi nous reconnoiſſons ſes bienfaits & notre dépendance, ſi nous lui demandons pardon de nos fautes en recourant à ſa bonté, ſi notre volonté eſt toujours ſoumiſe à la ſienne, & ſi nous nous fortifions dans des ſentimens de vertu. Voilà, je penſe, le ſeul culte qui lui eſt agréable & qui doit mieux valoir qu'une Hécatombe.

*Soc.* Oui, ſans doute, Evagore. Dieu, qui eſt une pure intelligence, ne peut ſe plaire à des offrandes matérielles, qu'autant qu'elles expriment les ſentimens du cœur. Ainſi toutes les fois qu'on penſe à lui avec une joie reſpectueuſe, on l'honore de la manière la plus conforme à ſa nature. C'eſt pourquoi je vous diſois qu'on en doit chercher toutes les occaſions.

*Evag.* Ne trouvez-vous pas, Socrate, qu'une des occaſions qui nous rappellent le mieux l'idée de Dieu, c'eſt la vue des objets champêtres ? Quand je me promène à la campagne, ou que j'ouvre ma fenêtre, & que je vois une vaſte étendue de champs fertiles, entrecoupés de rians bocages & parſemés de Villages qui annoncent un pays floriſſant ; des prairies qu'entretient dans une fraîcheur

fraîcheur continuelle l'onde d'un ruiſſeau qui les arroſe par mille détours divers ; & au-delà, dans un grand éloignement, cette plaine terminée par une chaîne de montagnes * dont la cime ſe perd dans les nuës : je trouve, Socrate, que ces beautés naturelles me rappellent, du premier coup d'œil, l'idée de celui qui en eſt l'auteur.

*Soc.* Je l'avoue, Evagore ; auſſi ſont-ce-là heureuſement les objets qui s'offrent le plus ſouvent à nos regards ; mais l'idée de la Divinité ne ſe préſente pas moins naturellement

* C'eſt la vue du château de Gotha.

dans le tumulte du monde, & au milieu du fracas des Villes, que dans la ſolitude & à la campagne.

*Evag.* Comment cela ?

*Soc.* Quand vous voyez dans la Place publique ce grand concours de monde ; des Sénateurs qui vont à l'Aréopage ; des Marchands qui viennent de Smyrne, de Peluſe, ou des iſles Baleares ; des Artiſans de tout métier, des Etrangers de tout pays ; ce ſpectacle, qui ſemble d'abord n'annoncer que l'induſtrie humaine, élève un eſprit intelligent, par une ſuite naturelle d'idées, juſqu'à Dieu ;

en donnant lieu d'obſerver le penchant qu'il a mis en nous pour la Société, le don de la parole qui en fait le lien, la variété des biens dont Dieu enrichit la terre, & la diverſité des talens qu'il a donnés aux hommes ; afin qu'ayant tous beſoin les uns des autres, ils ſuppléent par des ſecours mutuels à ce qui manque à chacun d'eux.

*Evag.* Ces réfléxions me paroiſſent fort juſtes, & ne m'échaperont pas lorſqu'un pareil ſpectacle s'offrira à mes yeux.

*Soc.* Mais, croiriez-vous, Evagore, que les Cours même

des Princes, où ces réfléxions paroiſſent le plus étrangères, ſont pourtant propres à les faire naître dans un eſprit juſte & attentif ?

*Evag.* Cela ne m'étonneroit pas du vôtre, qui ſaiſit le vrai & le bon en tout ; mais je voudrois bien qu'il me ſervît encore de guide pour le cas que vous venez de propoſer.

*Soc.* Figurez-vous un jour de cérémonie à la Cour d'un grand Roi. Vous voyez l'ordre le plus exact régler la pompe & la magnificence. Les dignités, qui montent par une juſte gradation depuis le plus bas emploi jusqu'au Souverain , se font distinguer par leurs places & leurs fonctions ; chacun agit conformément à ce que son devoir lui prescrit, & tous concourent au grand but du jour. Cet arrangement particulier ne vous conduiroit-il point, Evagore , à l'idée d'un arrangement bien plus beau & d'un ordre bien plus parfait qui régne dans la Société humaine & dans toute la Nature? La subordination établie dans une Cour, est une image de la gradation des hommes entr'eux , & des bornes prescrites à chaque condition ; bornes que le

Souverain, non-plus que le Sujet, ne ſauroit paſſer ſans troubler l'ordre univerſel, & ſans devenir rebelle envers le Souverain de l'univers. Mais que penſez-vous des plaiſirs, Evagore? y trouverions-nous auſſi quelque route qui menât à Dieu?

*Evag.* Oui, Socrate, il me ſemble qu'au milieu d'un grand repas & dans la fête la plus brillante, j'entrevois de quoi nous conduire à ces idées ſublimes. Si la variété des mets & l'excellence des vins flattent mon goût; ſi le ſon des inſtrumens charme mon oreille;

ſi l'alégreſſe des convives ſe communique à mon eſprit ; d'où me viennent, dirai-je, ces agréables ſenſations ? Celui qui eſt l'auteur de toutes choſes eſt auſſi l'auteur du plaiſir : c'eſt lui qui a ſi bien conformé ces objets à mes organes ; & tandis que j'en ferai un uſage modéré, je ſerai ſûr d'y trouver toujours une ſource de mille agrémens.

*Soc.* Oui, Evagore, c'eſt ainſi qu'au milieu de la grandeur & des plaiſirs, quiconque ſçait réfléchir, eſt conduit à admirer la ſageſſe & à reconnoître la bonté de l'Auteur de l'univers ; & tout plaiſir eſt imparfait, ſi on ne le ramène pas à la première ſource d'où il dérive. C'eſt une vérité, que la plûpart des gens du monde ignorent, & de-là vient que leurs plaiſirs ſe terminent d'ordinaire en ennui.

*Evag.* Voilà donc comment chaque objet qui ſe préſente peut nous faire remonter à notre grand Bienfaiteur ?

*Soc.* Oui, & de toutes les penſées, c'eſt la plus grande & la plus douce qui puiſſe occuper notre eſprit. Il me ſemble, Evagore, que vous aimez les Hiſtoires allégoriques ?

*Evag.* Je l'avoue ; il me ſemble qu'elles exercent agréablement l'eſprit ; & vous m'avez bien pris par mon foible, quand vous m'en avez propoſé une.

*Soc.* Eh bien, Evagore, cet univers eſt auſſi un tableau allégorique. Exercez-vous à en pénétrer le ſens, en vous élevant à Dieu qui ſe cache ſous cette enveloppe, & en démêlant les vues d'un Pere qui ſe laiſſe bientôt trouver à ceux qui le cherche. C'eſt la Religion du cœur, & la vraie Philoſophie, ſeule capable d'épurer nos affections, de calmer nos inquiétudes, & de rendre l'homme ſage & heureux.

*Evag.* Je vois bien qu'en effet c'eſt la vraie ſageſſe : PENSE & CHERCHE, n'appréhendez pas, Socrate, que j'oublie jamais ces deux mots, ni l'utile commentaire que vous y avez joint.

## AVERTISSEMENT.

*On auroit fort ſouhaité de pouvoir employer pour le ſujet de ce ſecond Dialogue des Interlocuteurs Chrétiens, afin de faire valoir en même tems les avantages de la Religion révélée ; mais le Prince s'étant une fois déterminé pour Socrate, il a fallu, pour entretenir ſon goût, ſuivre ſon idée, & en tirer parti en diſant un mot de la révélation, comme on a fait* pag. 64.

# TROISIÉME DIALOGUE.

*Comment on doit en uſer avec ſes Inférieurs.*

PROTHYME, SOCRATE, EVAGORE.

*Prothy.* NOus vous rencontrons fort à propos ; vous nous jugerez, Socrate.

*Soc.* Quoi ! deux amis ne ſont pas d'accord ?

*Evag.* Pas toujours ; on peut avoir des opinions différentes,

& ne s'en aimer pas moins. La diverſité de ſentimens fait qu'on s'éclaire, & l'amitié fait qu'on ſupporte la contradiction.

*Soc.* C'eſt fort bien dit, Evagore ; & ſi tout le monde avoit de ſi ſages maximes, la différence des opinions ne cauſeroit ni haine ni trouble. Mais quel eſt votre démêlé ?

*Prot.* Nous parlions de la conduite qu'on doit tenir, ou des manières qu'on doit avoir envers ſes inférieurs. Evagore prétend qu'il ne faut point ſe familiariſer avec eux, & moi je ſoutiens le contraire. Qui de nous deux a raiſon ?

*Soc.* Attendez : un Juge ne va pas ſi vîte ; il faut auparavant éclaircir la queſtion & entendre les raiſons de part & d'autre, & d'abord qu'entendez-vous par des *Inférieurs* ?

*Evag.* Il y en a de diverſes ſortes : par exemple, dans une famille des enfans ſont ſoumis aux peres, & l'élève au gouverneur ; dans une maiſon les Serviteurs le ſont au Maître ; dans une école les Diſciples doivent du reſpect à celui qui enſeigne. Dans une Cour les

Miniſtres & les grands Officiers dépendent du Prince, & pluſieurs Subalternes dépendent des uns ou des autres. A l'armée un Soldat eſt au-deſſous de ſon Capitaine, comme celui-ci eſt au-deſſous du Général. En un mot tous ceux qui ſont obligés d'obéir, dans quelque poſte que ce ſoit, ſont inférieurs à ceux qui commandent.

*Soc.* Et ne peut-il pas arriver que le même homme ſoit en même tems ſupérieur à l'égard des uns, & inférieur à l'égard des autres ?

*Evag.* Cela ſe voit tous les

jours. Un Capitaine obéit au Général, & commande aux Soldats. Il en eſt de même dans preſque toutes les autres conditions. Tout homme a quelqu'un au-deſſus de ſoi, & quelqu'un au-deſſous; ainſi l'on eſt tantôt ſupérieur, tantôt ſubalterne.

*Soc.* Il eſt vrai que ce n'eſt là qu'une qualité relative, qui varie ſelon que l'on ſe compare avec gens qui ſont plus haut ou plus bas. On peut même ajoûter que les degrés de ſupériorité ou d'infériorité varient ſelon le rang des perſonnes : il y a des ſubalternes de différens étages. Mais croyez-vous, Evagore, que ces distinctions de rang dont nous parlons soient établies par la nature ; & si par accident un grand Seigneur & un Matelot se trouvoient jettés seuls dans une Isle déserte, le premier pourroit-il s'arroger le commandement ?

*Evag.* J'ai bien peur que l'avantage ne fût du côté du Matelot, qui seroit apparemment plus vigoureux & plus habile à la chasse & à la pêche ; au lieu que le pauvre Seigneur seroit fort embarrassé de sa personne ; la plûpart sont si foibles, si mal-adroits.

*Soc.* Qu'eſt-ce donc qui donne de l'avantage à un homme ſur un autre homme dans l'état de nature ?

*Evag.* Il y a une prééminence & une autorité naturelle des peres ſur les enfans ; mais hors de là il n'y a que la force du corps, les lumières de l'eſprit, ou des vertus éminentes qui donnent un avantage réel ſur les autres, parce qu'on peut ſe rendre par ce moyen plus utile & plus néceſſaire : mais cela ne donne pourtant pas, à proprement parler, un droit de leur commander.

*Prot.* Je vous remercie, Socrate, de l'avoir amené peu-à-peu à convenir de l'égalité naturelle des hommes ; car c'eſt là-deſſus que je me fondois pour ſoutenir mon ſentiment. Ne l'oubliez pas, Evagore.

*Evag.* N'ayez pas peur. Mais je ſuis ſûr que Socrate a bien encore quelque-choſe à nous dire, que je vous prie de ne pas oublier non-plus, Prothyme.

*Soc.* Vous croyez cela ; Evagore ? Voyons ſi vous aurez deviné juſte. C'eſt donc à préſent à Prothyme à me répondre, puiſqu'il faut que chacun ait ſon tour. Vous paroît-il, Prothyme, que les hommes auroient pu vivre long-tems dans l'état d'égalité naturelle dont nous parlions tout-à-l'heure ?

*Prot.* Cela ſeroit difficile. Dès que l'on vit en ſociété, il faut bien que quelqu'un commande & que d'autres obéiſſent ; il faut que les fonctions ſoient diſtribuées ſelon la diverſité des talens ; ce qui produit néceſſairement de l'inégalité.

*Soc.* Vous ſaiſiſſez fort bien les cauſes de la ſubordination

& de la diverſité de rangs qu'on voit établies dans le monde. Mais cela mérite d'être un peu plus développé. Dites-moi ſi une nation entière n'eſt pas un amas de pluſieurs familles ?

*Prot.* Oui, ſans doute.

*Soc.* Et dans une famille n'y a-t-il pas quelque ſubordination, quelque diſtinction ?

*Prot.* Oui, les enfans ſont gouvernés par le pere, & l'âge donne auſſi quelque prééminence aux aînés ſur les cadets.

*Soc.* Si le peuple Athénien

ressemble à une nombreuse famille, ne faut-il pas qu'il y ait des peres ou des chefs pour gouverner cette communauté ?

*Prot.* Sans doute, il est nécessaire que des personnes sages soient revêtues d'autorité, afin de pourvoir au bien public : car la multitude ne sauroit se gouverner elle-même.

*Soc.* Et dans la guerre, croyez-vous que chacun doive agir à son gré ?

*Prot.* Nón, ce seroit une confusion. Jamais les forces ne sont plus grandes que quand elles ſont unies. C'eſt pourquoi chaque troupe a ſon Commandant, & tous ſont ſubordonnés à un ſeul qui commande en chef, afin qu'il n'y ait qu'une direction & qu'une volonté pour faire agir tous les bras à la fois vers le même but.

*Soc.* Seroit-il utile pour le bien de la Société que chacun exerçât toutes ſortes d'Arts & de Profeſſions ?

*Evag.* Je ne puis m'empêcher de rire à cette queſtion. La plaiſante choſe, ſi chacun étoit tout à la fois Tiſſerand, Charpentier, Docteur, & tout ce qu'il vous plaira. Qui veut trop embraſſer, ne réuſſira en rien. Que chacun s'en tienne à un métier, & les choſes en iront beaucoup mieux.

*Soc.* Eſt-ce ſeulement la néceſſité qui porte les hommes à cette diverſité de profeſſions, ou ſi c'eſt la nature qui les y invite ?

*Prot.* C'eſt à mon tour de répondre, Evagore. Je trouve, Socrate, que la nature elle-même nous mène à cette diverſité de profeſſions par la différence de génies, d'inclinations & de talens qu'elle a donnée aux hommes. Celui-ci eſt propre à une choſe, & celui-là à une autre; l'un a l'eſprit tourné du côté des Sciences, & l'autre vers les Arts méchaniques. Il n'eſt donné à perſonne de réuſſir également en tout, & il n'y a perſonne auſſi qui ne puiſſe réuſſir en quelque choſe, s'il conſulte ſon talent.

*Soc.* Mais ſi les talens & les emplois ſont différens, cela ne met-il pas quelque diſtinction d'honneur entre les uns & les autres?

*Prot.* Il eſt certain que ceux qui

qui ne ſont propres qu'aux profeſſions les plus faciles & les plus communes, s'attirent naturellement moins de diſtinction que ceux dont le génie s'élève aux choſes grandes & difficiles. Socrate excellent Philoſophe & prudent Sénateur, eſt aſſurément au-deſſus du Tailleur qui lui a fait ce méchant manteau.

*Soc.* Laiſſez mon manteau en repos ; il eſt aſſez bon pour un Philoſophe : s'il ne me garantit pas de vos railleries, il me met à couvert des injures du tems, & c'eſt tout ce que je lui demande. Mais encore une queſtion, car vous ſçavez que c'eſt ma méthode.

*Evag.* A qui la faites-vous, Socrate ? Ce devroit être à moi, pour punir ce railleur de ſon indiſcrétion.

*Soc.* Je ne ſuis point vindicatif, & c'eſt juſtement pour le montrer que je m'adreſſe encore à lui. Dites-moi donc, Prothyme, des gens riches n'ont-ils pas quelque avantage ſur les autres ?

*Prot.* Ils ont au moins l'avantage de pouvoir faire plus de bien.

*Soc.* Mais ne doivent-ils pas jouir d'une plus grande considération.

*Prot.* Cette question m'embarrasse : d'un côté je ne vois pas que la fortune seule mérite aucun honneur ; de l'autre je vois pourtant qu'elle est assez liée avec les honneurs ; & véritablement un homme riche peut employer beaucoup de gens & rendre service à une infinité de personnes. Il a le loisir de cultiver son esprit & de se vouer aux affaires publiques. Il peut aider sa Patrie par ses biens, comme un autre la sert par ses talens, & il peut donner à ſes enfans une éducation qui les diſtingue du commun peuple. Sur ce pied-là, un riche a bien de l'avantage, & je vois que la différence de fortune établit quelque différence de condition, du moins à la longue & entre les familles.

*Evag.* Où en veut venir Socrate avec toutes ſes queſtions ?

*Soc.* Vous le verrez, Evagore, après que Prothyme m'aura dit ſi cette diverſité d'états & de rangs, qui eſt reçue dans la ſociété civile, & dont nous venons de voir les principales ſources ; ſi cette diverſité, dis-je, eſt mauvaiſe en elle-même, & s'il faudroit la bannir du monde.

*Prot.* Je ne crois pas que cela ſe puiſſe, ni ſe doive. C'eſt une ſuite de la nature des choſes & de la néceſſité. L'homme regagne bien par l'avantage de vivre en ſociété, ce qu'il ſemble perdre du côté de l'égalité naturelle.

*Soc.* Il y a donc une ſubordination légitime & qu'il faut entrenir ?

*Evag.* Je vois à préſent, Socrate, où vous en voulez venir. C'eſt juſtement ſur la néceſſité d'une telle ſubordination que ſe doivent régler les procédés. Un ſupérieur doit garder ſon rang, & ne pas permettre que des inférieurs oublient ce qui lui eſt dû. Je vous le diſois bien, Prothyme.

*Prot.* Mais vous, Evagore, pourquoi oubliez-vous ce que diſoit auparavant Socrate de l'égalité naturelle des hommes?

*Evag.* Cette égalité ne ſubſiſte plus, nous ne ſommes plus dans l'ordre de la ſociété civile.

*Soc.* N'allez pas ſi vîte, Evagore; les inſtitutions humaines peuvent bien modifier ce qui vient de la nature, mais elles ne le détruiſent pas. Tant que la conformité d'organes & de beſoins, de foibleſſe & de raiſon, ſubſiſtera entre les hommes; tant qu'ils ſeront formés du même limon, & qu'ils vivront également des fruits de la terre, ce ſera toujours la même eſpéce de créature; l'homme trouvera toujours ſon ſemblable dans un autre homme; & le plus vil eſclave aura droit de réclamer devant le Roi de Perſe même cette *humanité* qui leur eſt commune.

*Evag*. Mais voilà deux principes opposés ; vous établissez une sorte d'égalité entre les hommes, & vous voulez pourtant qu'il y ait de la subordination entr'eux. Comment cela s'accorde-t-il ?

*Soc*. Vous l'allez voir. Mais avant que d'établir mes régles, convenons d'un troisiéme principe. Il faut pour cela que Prothyme nous dise comment il en use avec ses amis.

*Prot*. Moi ? Demandez-le à Evagore. J'agis sans façon ; je me livre à eux, je leur dis tout ce que je pense ; je leur demande leur avis ; je m'informe de ce qui les regarde ; je me plais dans leur conversation.

*Evag.* Il eſt vrai que nous parlons enſemble de toutes ſortes de choſes avec une grande franchiſe ; nos peines, nos plaiſirs, nos ſecrets même, tout eſt commun entre nous.

*Soc.* Mais voudriez-vous avoir la même ouverture de cœur pour tout le monde, & vous accommoderiez-vous également de la converſation du premier venu ?

*Prot.* Vraiment non ; j'y mets une très-grande différence.

*Soc.* Et quel inconvénient verriez-vous à converſer & à ſe lier indifféremment avec toutes ſortes de perſonnes ?

*Prot.* C'eſt que le commerce de toutes ſortes de perſonnes ne me ſeroit pas également agréable.

*Soc.* N'envifagez - vous la choſe que du côté de l'agrément ?

*Prot.* Vous avez raiſon, Socrate, de me faire appercevoir de ma faute. J'aurois dû dire qu'il y a des gens avec qui il n'y a rien de bon à apprendre, qui peuvent même nous corrompre & nous nuire, ou en nous donnant des idées fausses, ou en nous inspirant de mauvaises inclinations, ou en abusant de notre confiance. Rien n'est plus dangereux que les mauvaises compagnies ; & comme nos amis sont notre compagnie la plus ordinaire, nous devons prendre garde sans doute à n'avoir pour amis que des gens dont les discours & l'exemple soient propres à nous former l'esprit & le cœur.

*Soc.* Ce que vous venez de dire est important, & vous

allez voir l'uſage que j'en vais faire. Vous n'oublierez pas, s'il vous plaît, les principes dont vous êtes convenus l'un & l'autre. Il y a entre les hommes une égalité naturelle & ineffaçable : il y a auſſi une ſubordination juſte & néceſſaire dans le monde : il faut concilier ces deux choſes, & y joindre encore le troiſiéme principe dont nous venons de parler, qui eſt d'être fort réſervé & fort délicat dans le choix des amis. Voyons à préſent ſi nous pourrons aſſez bien combiner ces trois principes pour terminer votre conteſtation. Et d'abord, vous conviendrez que nous ne devons pas choisir pour nos amis des gens mal élevés, dont l'entretien ne sauroit nous être utile.

*Prot.* Cela est vrai.

*Soc.* C'est pourtant ce qui arrive quand on se familiarise avec des domestiques ou avec des gens du bas ordre. Non-seulement leur conversation n'a rien d'instructif, mais elle gâte l'esprit en le remplissant de faussetés ou de petitesses. Erreur, crédulité, envie, rapports, malignité, basses flatteries, grossièretés; voilà de quoi ils vous abreuveront; &

comme il eſt ordinaire de contracter les goûts de ceux qu'on fréquente, je vous laiſſe à penſer ſi un tel commerce eſt propre à ennoblir les inclinations. Mais le plus grand malheur eſt que comme on ne ſe gêne point avec ces gens-là, & qu'on ſe montre à eux avec tous ſes foibles & tous ſes vices, ſans craindre leur cenſure, rien ne porte à ſe corriger. Hauteur, pareſſe, caprice, intempérance, tout paſſe avec des gens qui n'ont garde de nous contredire. Il arrive même qu'on ne cherche point ailleurs de correctif à ces dangereuſes impreſſions; parce que la mauvaiſe compagnie dégoûte de la bonne : on ſe trouve ſi fort à ſon aiſe avec ces ſubalternes commodes qui applaudiſſent à tous nos goûts, qu'on ne ſe plaît plus avec des gens d'honneur moins complaiſans.

*Evag.* Eh ! en effet, Socrate, quand on fait un ami de ſon valet, mérite-t-on d'en avoir d'autres ? J'ai ouï dire auſſi que ſi l'on a la baſſeſſe de ſe livrer à des domeſtiques, on ne manque pas d'en être à la fin gouverné.

*Soc.* Cela eſt vrai ; des gens

comme eux qui étudient nos foibles & qui ſont capables d'entrer dans des confidences ſouvent honteuſes, deviennent bientôt nos maîtres : on les ménage par crainte, & on les emploie par commodité. C'eſt le malheur de pluſieurs Princes, qui n'écoutent que pour la forme leurs Conſeillers & leurs Miniſtres d'Etat, tandis qu'ils ſont intérieurement livrés aux ſuggeſtions baſſes & intéreſſées des confidens de leur humeur & des miniſtres de leurs plaiſirs.

*Prot.* Quelle eſt donc la vraie manière de vivre avec ſes domeſtiques ?

*Soc.* On doit vivre avec eux comme avec des gens qui nous ſont ſemblables par la nature, & qui pourtant nous ſont ſubordonnés par l'ordre civil ; qui ſont propres à nous ſervir, & non à nous donner conſeil. Ainſi nul terme de mépris, nul dédain, nul trait de fierté, nulle humeur, nulle bruſquerie. Ils ſont hommes ; ne l'oubliez point ; l'humanité mérite toujours des égards & de l'affection. Parlez-leur donc avec douceur, prenez ſoin d'eux, faites-leur du bien, reprenez-les avec douceur, & ſans emportement quand ils manquent. On ſe dégrade par la colère &

les injures. Ecoutez-les & parlez-leur avec bonté sur les choses qui concernent leur fonction ou leur service ; mais hors de là point de conversation avec eux ; nulle plaisanterie, nul badinage, nulle licence. En un mot soyez pour eux un bon maître ; mais ne soyez pas leur camarade. Ils vous aimeront & vous respecteront quand vous tiendrez ce juste milieu ; sur-tout en observant encore une condition.

*Evag.* Quelle est-elle, Socrate ?

*Soc.* C'est de ne rien commander par caprice. L'autorité fait bien qu'un inférieur obéit ; mais il obéit mal, & avec répugnance ; il se rébute. Notre premier maître auquel tout le monde cède volontiers ; c'est la raison. Quelque difficile que soit un ordre, chacun l'exécute de bon cœur, dès qu'il le trouve juste & nécessaire. Mais si l'on voit dans un Supérieur de l'inégalité & des fantaisies, s'il commande à tort & à travers, plutôt par humeur que par prudence ; son service paroîtra dur & injuste, & par-là son autorité sera avilie. Pour être bien servi, il faut commander à propos. L'on vous respectera toujours quand vous respecterez la raison.

*Evag.* Il ne seroit pas difficile d'étendre les mêmes régles jusqu'aux procédés qu'on doit avoir envers d'autres inférieurs. Je connois qu'il faut d'un côté leur témoigner de la bonté, & de l'autre pourtant se faire obéir ; & cela en faisant usage de vos deux principes : 1. D'avoir égard à l'humanité qui nous est commune ; 2. De maintenir une juste subordination.

*Soc.* Fort bien ; mais vous n'oublierez pas, Evagore, que

comme il y a différens ordres d'inférieurs, il y a auſſi du plus ou du moins dans les égards qui leur ſont dûs. Un air de bonté ne ſuffit pas envers tout le monde: il y a des perſonnes qui méritent de plus grandes marques d'eſtime & d'honnêteté.

*Evag.* Dites-moi, je vous prie, quelle eſt la proportion, & quelles ſont pour ainſi dire les nuances qu'il faut garder à cet égard? Par exemple, un Prince a pluſieurs ſortes d'inférieurs; il a des Miniſtres, des Courtiſans, des Officiers de différent ordre; il a des ſujets de toute condition. Comment en agira-t-il avec eux ?

*Soc.* Prenons d'abord le commun peuple. Le Prince doit au moindre de ſes ſujets des marques d'affabilité & de civilité commune ; enſorte qu'il n'y ait aucune occaſion où quelqu'un puiſſe l'accuſer de fierté ou de bruſquerie ; & qu'il y ait au contraire des rencontres fréquentes où un mot placé à propos, un trait de compaſſion & d'humanité, un acte de béneficence, donne en général cette idée de lui, que c'eſt un bon Prince, qui aime ſon peuple.

*Evag.* Voilà pour la multitude. J'attens à préſent ce qu'il convient d'obſerver avec des perſonnes d'un autre rang.

*Soc.* Les perſonnes nobles, & ſur-tout celles qui exercent des emplois honorables, demandent de plus grandes diſtinctions. Le Prince leur doit des marques de civilité proportionnées à leur dignité, à leur âge & à leur mérite ; & de ce côté-là il vaut toujours mieux aller trop loin que de reſter en arrière ; parce qu'il importe infiniment au Prince que des perſonnes de cet ordre ſoient contentes de ſon gouvernement & de ſes manières, qu'elles ſe plaiſent à ſa Cour, qu'elles s'affectionnent à ſa maiſon & à ſon ſervice, qu'elles prennent à cœur ſa gloire & ſes intérêts. De-là dépend l'agrément de ſa vie, ſa réputation, & le bien de ſes affaires. Il ne ſauroit donc avoir trop de générosité & de politeſſe pour s'attacher des perſonnes qui lui ſont ſi utiles.

*Evag.* Vous réſervez pourtant quelque-choſe pour ce qu'on appelle les amis ?

*Soc.* Bon ! un Prince en a-t-il beſoin ? Il n'a qu'à ſe renfermer

renfermer dans ſa dignité, & ſe contenter des révérences qu'on lui fait, & des titres qu'on lui donne. Voilà dequoi le ſatisfaire. L'amiti é eſt bonne pour nous autres particuliers.

*Evag.* Quoi, vous exilez l'amitié de la Cour ? Que vous ont fait ces pauvres Princes, pour leur ôter le charme de la vie ?

*Soc.* Je ne crois pas leur faire grand tort, parce qu'eux-mêmes ſont pour l'ordinaire peu ſenſibles à cette douceur. Ils aiment mieux qu'on rempe devant eux que de leur parler librement ; ils veulent des flateurs, & non pas des amis.

*Evag.* Mais supposé que par hazard quelque Prince fît cas de l'amitié, comment devroit-il s'y prendre pour avoir des amis ?

*Soc.* Cela est difficile, parce qu'il faut s'exécuter tout d'un coup sur l'article délicat de l'orgueil, & il faut sçavoir oublier qu'on est Prince ; ce qui peut se faire pourtant sans danger pour leur dignité, parce que s'ils l'oublient, les autres ne l'oublieront certainement pas ; mais enfin il faut établir pour base de l'amitié la franchise, c'est-à-dire une égale liberté de penser & de parler ; à ce prix-là vous aurez des amis ; hors de-là vous n'aurez que des serviteurs.

*Evag.* Il me semble que la liberté & la franchise dont vous parlez ne doit pas tant coûter à établir. Au contraire il est agréable à un Prince de quitter un rôle de représentation cérémonieuse & gênante pour rentrer dans la liberté de la vie commune ; c'est la conversation familière qui délasse & qui récrée.

*Soc.* Je l'avoue, & les Princes même les plus guindés ſur ce qui leur eſt dû, le ſentent bien : mais qu'arrive-t-il ? Ils paſſent d'une extrémité à l'autre, & vont ſe délaſſer de l'ennui du cérémonial avec des domeſtiques, des comédiens, des boufons, pour ſe dédommager de la contrainte qu'ils croient que leur rang leur impoſe par-tout ailleurs. Les ſots ne font rien avec meſure ; c'eſt toujours du haut ou du bas ; ils ne connoiſſent point de milieu entre la hauteur & la baſſe familiarité.

*Evag.* Quel eſt donc le milieu que vous conſeillez ?

*Soc.* C'eſt qu'un Prince choiſiſſe entre les perſonnes de ſa Cour ou de ſon pays des gens de mérite, vertueux, diſcrets, éclairés, de bon exemple & de bon entretien, avec qui il paſſe utilement & agréablement les heures qu'il peut donner à l'amuſement & à la converſation. Que dans cette ſociété les manières ſoient à peu près ſur le pied de ce qu'on appelle la bonne compagnie dans la vie privée, entre gens qui ne dépendent point les uns des autres, mais que l'eſtime lie & que le goût raſſemble. Que le Prince ait là préciſément les façons & les procédés qu'a communément un homme de qualité avec ses amis. Qu'il n'exige rien pour son rang, qu'il trouve bon qu'on le contredise, qu'il paye de sa personne & soit attentif pour les autres, autant qu'il veut qu'on le soit pour lui; & qu'il cherche à leur plaire par les mêmes manières qu'il exige d'eux. Voilà comment un Prince, qui a de l'esprit, sçait vivre avec tout le monde, & faire tous les rôles qui lui conviennent avec aisance & avec dignité.

*Evag.* Je vois bien que Prothyme & moi, nous allions

tous deux trop loin. C'eſt le défaut de notre âge de donner dans les extrémités ; mais c'eſt le propre de Socrate de ramener tout a un juſte milieu.

# QUATRIEME DIALOGUE.

## *Sur la Diſſimulation.*

SOCRATE. EVAGORE.

*Soc.* VOus venez ſans doute de faire vos exercices, Evagore ?

*Evag.* Oui, Socrate, vous ſçavez que c'eſt l'heure où ils finiſſent.

*Soc.* Il eſt vrai qu'avant-hier je vous en vis ſortir à la même heure ; mais vous n'aviez pas l'air ſi gai qu'aujourd'hui.

*Evag.* C'eſt que je n'avois

pas le plaiſir de vous rencontrer, Socrate.

*Soc.* Le mot eſt obligeant. Mais politeſſe à part, vous aviez l'air fâché.

*Evag.* Moi ! Socrate.

*Soc.* Oui, vous aviez quelque-choſe ſur le cœur.

*Evag.* D'où jugez-vous cela, Socrate ?

*Soc.* Vous répondites aſſez ſéchement à quelqu'un qui vous parloit.

*Evag.* A qui ?

*Soc.* A Agoniſte fis de Timias. Que vous avoit-il fait ?

*Evag.* Agoniste !

*Soc.* Oui, vous refusâtes hier de lutter avec lui.

*Evag.* Il est vrai, & je crois avoir eu quelque raison pour cela.

*Soc.* Voici un nuage qu'il faut dissiper, mon cher Evagore ; dites-moi franchement ce qui vous a indisposé contre ce jeune homme.

*Evag.* Je vous dirai, Socrate, qu'il jetta l'autre jour un disque si mal adroitement, qu'il me meurtrit tout le bras.

*Soc.* Ce n'est point là ce qui

vous a offenſé, Evagore ; un pareil accident cauſe de la douleur & non du dépit : on eſt fâché que la choſe arrive, mais on n'en ſçait pas mauvais gré à celui qui en eſt la cauſe innocente. N'aviez-vous point lutté contre Agoniſte ?

*Evag.* Oui, pourquoi me demandez-vous cela ?

*Soc.* Vous ſçavez que c'eſt ma méthode. Qui de vous deux eut le deſſus ?

*Evag.* Après avoir long-tems ſoutenu ſes efforts, pied contre pied, bras contre bas, je ne ſçais comment le pied me gliſſa ; je tombai , & il s'en prévalut pour dire qu'il m'avoit renverſé.

*Soc.* Y avoit-il beaucoup de ſpectateurs ?

*Evag.* Une grande foule & de tout ordre.

*Soc.* J'entens ; Evagore , & c'eſt à préſent que je dois vous parler avec la franchiſe qu'exige notre amitié.

*Evag.* Que voulez-vous dire, Socrate ?

*Soc.* Je veux dire que le vrai de tout ceci eſt que vous futes piqué de votre défaite ;

c'eſt le vrai ſujet de votre chagrin.

*Evag.* Il eſt vrai que j'eus bien de la confuſion, & que je fus outré de voir que quelqu'un qui m'eſt ordinairement inférieur, eut ce jour-là tout l'avantage ſur moi, en préſence d'une nombreuſe aſſemblée. Cela eſt piquant, je l'avoue.

*Soc.* Voilà enfin l'aveu que j'attendois de vous. Agoniſte vous a vaincu, & vous commencez, Evagore, à vous vaincre vous-même; cela eſt beaucoup plus beau. Il y a des ſpectacles pour l'eſprit comme pour les yeux. Je me ſuis diverti à voir en vous ce petit jeu de l'amour-propre qui luttoit contre la ſincérité. Le plaiſant combat que celui de ces deux Athlètes ! l'un eſt plus ſouple, l'autre plus fort. Il n'y a point de ſubterfuge, point de ruſe, que le premier n'emploie pour échapper, & il ne réuſſit que trop ſouvent. Mais cette fois, Evagore, il s'eſt trouvé pris, & moi qui ſuis l'aſſemblée, je bats des mains, & vous excite à pourſuivre votre victoire.

*Evag.* Que me reſte-t-il à faire, Socrate ?

*Soc.* Ce n'eſt point aſſez d'avoir avoué votre ſecret dépit ; il faut l'étouffer.

*Evag.* Puis-je être inſenſible à un affront ?

*Soc.* Il n'y a jamais d'affront où il n'y a pas de deſſein d'offenſer. Qu'il vous reſte un peu de confuſion pour avoir manqué de force ou d'adreſſe, à la bonne heure ; vous pouvez être fâché contre vous-même. Mais pour votre Antagoniſte, comment le blâmer d'avoir fait ce que vous auriez fait vous-même, ſi vous l'aviez pu ? Rendez-vous juſtice & à lui aussi : estimez-vous un peu moins, & lui un peu davantage, tout ira bien de cette manière. Pour moi qui vous aime, je ne saurois être fâché de cet événement.

*Evag.* Voilà une singulière façon de vouloir du bien aux gens.

*Soc.* Oui, c'est vouloir leur plus grand bien. N'est-il pas vrai que vous avez été fort sensible à la mortification que vous avez reçue ?

*Evag.* J'en conviens.

*Soc.* Vous seriez donc également sensible à la gloire d'avoir vaincu : car ces ſortes de ſentimens qui ſe balancent, ſont toujours en proportion pour le degré de vivacité.

*Evag.* Je le crois.

*Soc.* Si donc votre chagrin va à préſent juſqu'au dépit, votre joie dans l'autre cas ſeroit allée juſqu'à la vaine gloire.

*Evag.* Cela ſe peut.

*Soc.* Oui, je préſume, Evagore, que des ſuccès continuels vous enfleroient le cœur, vous rendroient téméraire & préſomptueux, & vous attireroient l'envie de vos amis. Il eſt bon que la gloire ſe partage, & que chacun ait ſon tour. Cela entretient l'égalité ſi convenable à l'amitié, & la modeſtie ſi néceſſaire à l'homme.

*Evag.* Je vous entends, Socrate; & pour vous montrer que je ſçais profiter de vos leçons, je chercherai dès aujourd'hui l'occaſion d'embraſſer Agoniſte.

*Soc.* Que je ſuis content de vous, mon cher Evagore! C'eſt à préſent que votre victoire eſt complette. Vous avez d'abord vaincu votre vanité, & puis vous ſurmontez votre reſſentiment. C'eſt là une vraie grandeur d'ame. Je reconnois un homme digne de commander aux autres, dans celui qui ſçait ſi bien ſe commander à lui-même.

*Evag.* C'eſt à vous, Socrate, que je dois ce petit triomphe. Mais pour achever d'éclaircir le ſujet que nous traitons, dites-moi s'il n'eſt pas permis d'ambitionner l'eſtime publique, & de chercher à ſe diſtinguer ?

*Soc.* Sans doute, l'eſtime des autres nous eſt précieuſe ; c'eſt même un puiſſant aiguillon pour nous porter au bien. Mais ne croyez pas que les talens ſeuls nous attirent l'eſtime des gens ſages ; elle s'acquiert ſur-tout par la vertu ; & entre les vertus, vous ſçavez quel rang on donne à la candeur & à la modeſtie.

*Evag.* Quand vous parlez de la candeur , vous n'entendez pourtant pas que l'on ſoit obligé de dire tout ce que l'on ſait & tout ce que l'on penſe.

*Soc.* Non, ce ſeroit une indiſcrétion. Il faut taire le ſecret d'autrui & le nôtre. Il ne faut pas non-plus manifeſter toujours le peu de cas que nous faiſons de certaines gens, ni divulguer des ſentimens qui bleſſeroient les autres ſans aucune utilité. Mais un honnête homme ne parlera jamais contre ſa penſée ; il ne diſſimulera point une vérité utile, ou même indifférente, quand on l'interroge ; & avec ſes amis, il ſe gardera bien de tergiverſer ni de biaiſer en aucune façon. Un de mes voiſins de campagne a coûtume de dire que rien ne roule mieux qu'une boule.

*Evag.* Il veut dire ſans doute qu'un homme ſimple & rond

dans ſes diſcours & dans ſes procédés, fait mieux ſon chemin qu'un autre, réuſſit mieux dans ſes affaires, & trouve moins d'embarras dans tout le cours de la vie. Il a raiſon. Je puis payer ſon proverbe d'une ſentence qui va au même but. Un de nos ſages ne dit-il pas, que *la meilleure fineſſe eſt de n'en point avoir ?*

*Soc.* Fort bien ; tenons-nous en à celle-là, mon cher Evagore, & n'en cherchons point d'autre. Mais que diriez-vous d'une ſorte de diſſimulation que j'apperçois quelquefois dans un jeune homme de votre connoiſſance ?

*Evag.* Quel eſt ce jeune homme ?

*Soc.* Demandez plutôt quelle eſt ſa diſſimulation ; car pour ſa perſonne, il vous importe peu de la connoître ; mais je veux que vous jugiez de l'eſpéce de réſerve qu'il garde trop ſouvent. Il évite de déclarer ſes deſirs, ſon goût, ſes ſentimens, de peur d'être repris ou contredit. Que vous en ſemble ?

*Evag.* Il me paroît que ce peut être un effet de timidité ou de modeſtie ; il aime mieux n'avoir point de volonté que d'être trop décidé.

*Soc.* N'avoir nul penchant, nul desir, seroit une indolence presque stupide ; mais n'oser les découvrir quand on en a, pas même devant des personnes qui vivent avec nous & qui veulent bien nous servir de guide, je crains bien, Evagore, qu'il n'y ait là quelque trace d'un esprit caché & hautain, qui ne peut souffrir la contradiction. Il y auroit certainement plus de raison & de docilité à témoigner ce qu'on pense ou ce qu'on desire, au risque d'être redressé, ou d'essuyer un refus.

*Evag.* Mais pourquoi découvrir

couvrir des penſées qu'on craint qui ne ſoient pas juſtes, & qui par-là pourroient nous faire tort dans l'eſprit d'autrui?

*Soc.* J'ai déja inſinué que cela dépend du caractère & de la qualité des perſonnes à qui nous parlons. Si ce ſont des étrangers auſſi peu portés à nous excuſer qu'à nous corriger, il eſt bon ſans doute de s'obſerver avec eux, & d'avoir la circonſpection dont vous parliez tout-à-l'heure; mais avec des amis, qui ne remarquent nos défauts que pour nous en avertir, c'eſt manquer à ce qu'on leur doit, c'eſt ſe manquer à ſoi-même, que de ne pas penſer tout haut avec eux.

*Evag.* Il me ſemble pourtant que c'eſt ſe ménager leur eſtime.

*Evag.* Au contraire, il arrivera qu'en démêlant votre feinte, ils vous en eſtimeront moins. Car de prétendre en impoſer long-tems, cela n'eſt pas poſſible; c'eſt s'aller cacher derrière des filets.

*Evag.* Du moins par cette réſerve & en tâchant de couvrir ſes foibles, on montre une délicateſſe bienſéante & louable.

*Soc.* C'eſt fauſſe honte, & non pas délicateſſe. Le même ſoin qu'on prend à cacher ſes défauts, qu'on le mette à les corriger, c'eſt à quoi devroit aboutir la véritable honte. Suppoſons un malade à qui le Médecin fait diverſes queſtions ſur ſon état, ſur ſon tempérament, & ſur le régime qu'il a ſuivi juſqu'alors ; comment croyez-vous qu'il doive répondre ?

*Evag.* Certainement il auroit tort de cacher la moindre choſe à ſon Médecin ; car alors celui-ci ne peut lui donner des conſeils ſalutaires.

n'eſt pas néceſſaire d'être fort connu : mais il eſt néceſſaire d'être connu par de bons endroits.

*Microp.* Il me ſemble pourtant que chercher la louange, ou chercher l'eſtime des autres, c'eſt à peu-près la même choſe.

*Soc.* Non, Microphile, il y a de la différence : Thémiſtocle aimoit les applaudiſſemens, & cela ſans diſtinction, de quelque bouche qu'ils vinſſent; mais ſa conduite a été ſouvent équivoque; Ariſtide cherchoit l'eſtime, & ſa vertu ne s'eſt jamais démentie.

*Evag.* Tenons-nous-en à la gloire d'Ariſtide ; c'eſt la meilleure : mais je voudrois bien ſçavoir d'où vient que les applaudiſſemens ne marchent pas toujours avec l'eſtime ?

*Soc.* Vous l'allez voir, Evagore : louez-vous en face ceux que vous eſtimez le plus ?

*Microp.* Je n'oſerois le faire, de crainte de bleſſer leur modeſtie.

*Soc.* Les louez-vous même abſens, en termes pompeux ?

*Microp.* Non, l'eſtime s'explique en termes plus meſurés.

On ſe contente d'en parler avantageuſement en toute rencontre, & de leur rendre ſervice dans l'occaſion. Ces marques d'eſtime, tranquilles & le plus ſouvent indirectes, valent mieux, & ſont plus ſincères que de grands éloges.

*Soc.* Voilà ce qui eſt effectivement précieux, & qu'on peut appeller un des plus grands biens de la vie.

*Microp.* Comment cela ?

*Soc.* La nature n'a-t-elle pas attaché un ſentiment agréable à tout ce qui marque en nous quelque perfection ?

*Evag.* Oui, nous aimons à ſentir qu'il y a en nous des qualités excellentes : c'eſt un attrait naturel pour nous engager à les acquerir.

*Soc.* Si un homme ſage vous blâme, quel effet cela produit-il ſur vous ?

*Evag.* Ah ! Socrate, que j'aurois de honte de m'être attiré votre cenſure ! Ce ſeroit pour moi une confuſion inſupportable.

*Soc.* Si au contraire un homme ſage vous approuve, quel ſentiment cela vous cauſe-t-il ?

*Evag.* Une joie délicieuſe : vos bontés, Socrate, me l'ont fait éprouver plus d'une fois.

*Soc.* Auriez-vous le même plaiſir à être approuvé d'un homme en qui vous n'auriez nulle confiance ?

*Evag.* Non : un témoignage comme le vôtre, Socrate, m'aſſure que j'ai réellement telle ou telle qualité. Mais le témoignage d'un autre moins éclairé & moins ſincère ne me donneroit pas la même certitude, & ne me rendroit pas ſi content de moi.

*Soc.* Vous approuvez donc

bien cette ſentence qu'il ne faut ſe ſoucier d'être loué que par des gens qui ſoient eux-mêmes louables.

*Evag.* Je la trouve excellente, & par-là je vois que le véritable honneur conſiſte à jouir de l'eſtime des honnêtes gens.

*Soc.* Mais outre le plaiſir intérieur que nous donne le ſentiment de l'eſtime d'autrui, combien n'en recueille-t-on pas de fruits pendant tout le cours de ſa vie !

*Microp.* Quels ſont ces fruits, Socrate ?

*Soc.* Vous les découvrirez vous-même ; n'eſt-il pas avantageux à un Marchand d'avoir du crédit ?

*Microp.* Oui , le crédit fait la moitié de ſa richeſſe.

*Soc.* Auroit-il du crédit ſi on le croyoit mal-habile ou de mauvaiſe-foi ?

*Microp.* Non , ſon crédit vient de la bonne opinion qu'on a de ſa prudence & de ſon intégrité.

*Soc.* Ce crédit ou cette confiance dont il jouit n'eſt donc autre choſe que l'eſtime qu'on a pour lui ?

*Microp.* Cela eſt évident.

*Soc.* Peut-on ſe pouſſer dans les emplois, ou s'avancer dans le monde ſans l'aide des autres ?

*Microp.* Non, on dépend ou de l'appui d'un ſupérieur, ou de la faveur du peuple.

*Soc.* Eſt-il indifférent pour cela d'avoir une bonne ou une mauvaiſe réputation ?

*Microp.* J'ai toujours ouï dire qu'une bonne réputation fraye le chemin à tout : cependant on a vu des gens peu eſtimés faire leur chemin par la ruſe

& par l'intrigue, témoin Alcibiade.

*Soc.* Alcibiade étoit un composé de belles qualités & de grands défauts. Il se peut que l'on parvienne quelquefois par de mauvaises voies : mais si l'on demande quel est le grand chemin, le chemin le plus sûr pour parvenir, c'est assurément celui du mérite & de la bonne renommée.

*Microp.* Je comprens qu'en effet on a besoin d'un tel secours pour s'avancer dans les emplois : mais cela n'est pas si nécessaire à ceux qui ne cherchent qu'à vivre tranquillement dans une condition privée & ſans ambition.

*Evag.* Permettez, Socrate, que ce ſoit moi qui ramène mon ami ſur ce point, en eſſayant votre méthode. Dites-mois, Microphile, pourquoi vous futes l'autre-jour ſi piqué de mes railleries ?

*Microp.* Belle demande! c'eſt qu'on n'aime pas à ſe voir tourner en ridicule, ſur-tout d'un ami tel que vous.

*Evag.* Et que diriez-vous, ſi je vous rapportois ce qui ſe dit il y a un mois dans une nombreuſe compagnie, où l'on vous accuſoit de manquer de cœur !

*Microp.* Moi manquer de cœur ! Quand ai-je montré de la lâcheté ? Qui ſont les gens qui . . . .

*Evag.* Doucement, mon cher ami, ces diſcours ne vous font rien, vous n'avez qu'à les mépriſer, comme n'étant d'aucun poids.

*Microp.* N'importe, ces gens-là m'offenſent, & je ſçaurai m'en venger.

*Soc.* Calmez-vous, Microphile, je vois la feinte de votre

ami qui a voulu vous convaincre par vous-même que nous ne ſaurions être inſenſibles au blâme ou à l'eſtime d'autrui, & qu'un tel jugement nous touche toujours par quelque endroit. La Sageſſe divine qui nous a faits pour vivre les uns avec les autres, a voulu auſſi que nous fiſſions cas de nos jugemens réciproques, afin que cette ſorte de dépendance mutuelle ſervît à nous unir plus étroitement.

*Microp.* En fait-on l'épreuve dans toutes les conditions ?

*Soc.* Oui, nous remarquions

ci-devant que chacun dans ſa ſphère eſt néceſſairement lié à un certain nombre de perſonnes, & ce nombre eſt illimité: car tous les jours on peut ſe rencontrer ou avoir affaire avec des gens que l'on ne connoiſſoit point auparavant.

*Microp.* Il eſt vrai.

*Soc.* Or la manière plus ou moins ſûre, plus ou moins honnête & agréable, dont les autres agiſſent avec nous, dépend en grande partie du cas qu'ils font de notre perſonne. Par exemple, croyez-vous qu'un homme peu eſtimé de ſa femme, de ſes enfans & de ſes domeſtiques, ſera ſervi, aimé & honoré dans ſa maiſon comme il doit l'être? Aura-t-on la même attention pour ſes deſirs, & la même déférence pour ſes volontés, que ſi on le croyoit toujours équitable? Craindra-t-on de lui déplaire? ſe réjouira-t-on de ſa préſence? s'affligera-t-on de ſes malheurs? appréhendera-t-on de le perdre, comme ſi on l'eſtimoit véritablement?

*Microp*. Mais le devoir & l'affection naturelle produiroient peut-être le même effet?

*Soc*. Le devoir à beſoin d'être animé par quelque motif qui remue le cœur ; & vous l'avez bien ſenti, Microphile, quand vous y avez joint l'affection naturelle. Mais cette affection même doit être fondée ſur l'eſtime ; elle ne ſauroit ſubſiſter avec le mépris. Une femme qui trouve ſon mari mépriſable, lui donne à peine la moitié de ſon cœur ; des enfans qui connoiſſent les travers de leur pere, ne l'honorent qu'à demi ; des ſerviteurs qui connoiſſent ſon foible, penſent à le tromper ; il eſt leur jouet dans le tems qu'il croit être leur maître ; ſes voiſins, ſes parens trop informés de ſes défauts le regardent avec mépris. Et quoi de plus mortifiant que de trouver partout des viſages froids, & lire dans l'ame de tous ceux qui nous approchent, qu'ils ne font aucun cas de nous ? En vérité cela eſt bien humiliant.

*Evag.* Ce doit être au contraire une choſe bien flateuſe que de trouver autour de nous des gens portés à nous aimer & à nous ſervir par conſidération & par eſtime. Si l'approbation du moindre de nos eſclaves ne nous eſt pas indifférente, quel plaiſir n'eſt-ce pas de voir que nous ſommes bien dans l'eſprit de tous ceux avec qui nous vivons !

*Microp.* Cependant on voit des amitiés où l'eſtime n'entre pour rien.

*Soc.* Ce ſont des liaiſons de plaiſir & d'intérêt. Mais ces ſortes de liaiſons ne ſont pas durables : dès que l'intérêt ou la conjoncture changent, le lien ſe rompt. Il en eſt de même des nœuds formés par la volupté. On ſe divertit quelquefois avec des gens vicieux : mais au fond on les mépriſe ; & quand le tems de folie eſt paſſé, ſouvent on les déteſte : au lieu qu'on revient toujours à à ceux qu'on eſtime : c'eſt d'eux que l'on veut prendre conſeil ; c'eſt ſur eux que l'on compte dans les affaires importantes. Comme il n'y a qu'une eſtime réciproque qui établiſſe la confiance néceſſaire à la vie domeſtique, il n'y a auſſi que l'eſtime qui produiſe les vraies amitiés.

*Evag.* Et par quel moyen peut-on s'acquerir l'eſtime dont vous parlez ?

*Soc.* Il n'y en a point d'autre que les talens & la vertu ; voilà ce qui imprime un reſpect dont les plus vicieux ne peuvent ſe défendre.

*Evag.* L'apparence ne feroit-elle point ici le même effet que la réalité ?

*Soc.* Non, non, Evagore. Contrefaire l'habile homme ou l'honnête homme, quand on ne l'est pas, c'est un rôle trop difficile & une peine superflue; on ne trompe pas long-tems le public. Le plus court est d'être réellement ce que l'on veut paroître. Pour cela il faut des qualités essentielles, comme l'intégrité, les bonnes mœurs, l'application, le jugement: mais il faut aussi des qualités liantes, une douceur, une civilité générale & soutenue. Souvenez-vous Evagore, de notre entretien ſur ce qui fait le mérite de l'homme en général & le mérite de chaque condition particulière. N'oubliez pas nonplus ce que nous diſions un jour de la manière d'agir avec ſes ſupérieurs, ſes égaux & ſes inférieurs. Vous aurez par-là, ſi je ne me trompe, à peu près tout ce qu'il faut pour gagner l'approbation des gens ſages & pour mériter l'eſtime du public.

*Evag.* L'eſtime publique dont vous parlez n'eſt-elle pas plus néceſſaire aux Princes qu'à tout autre, puiſqu'ils ſont des perſonnes publiques?

*Soc.* Vous avez raiſon, Evagore, & c'eſt proprement là ce qu'ils doivent rechercher, au lieu de la vaine gloire dont pluſieurs d'eux s'entêtent follement.

*Microp.* Il paroît pourtant qu'un Prince eſt au-deſſus des jugemens que l'on peut porter de lui.

*Soc.* Il l'eſt moins que perſonne : il dépend encore plus des autres, que les autres ne dépendent de lui.

*Microp.* Comment cela, Socrate ? Votre diſcours m'étonne.

*Soc.* Vous le comprendrez par un exemple. Quelle eſt la pierre d'une voûte qui peut le moins ſe paſſer des autres ?

*Microp.* C'eſt la plus haute, ou celle qu'on nomme la clef ; car ſans les autres elle tomberoit, au lieu que les pierres baſſes qui touchent la terre, ſe ſoutiennent d'elle-mêmes.

*Soc.* Mais ces autres pierres formeroient-elles une voûte ſans la clef ?

*Microp.* Non, c'eſt elle qui les lie toutes.

*Soc.* Eh bien, la ſociété civile eſt comme une voûte artiſtement conſtruite, où toutes les familles entrent comme différentes pierres pour y tenir un rang plus ou moins élevé. Le Roi eſt à la tête pour en lier toutes les parties : mais lui-même eſt porté & ſoutenu par tout ſon peuple ; il a beſoin du concours de leurs bras & de leurs volontés.

*Microp.* Oui, mais ces bras & ces volontés concourroient également à ſes vues par obéiſſance & par ſoumiſſion : on obéit aux Princes comme Princes, à cauſe de leur autorité.

*Soc.* Il y a une autorité extérieure qui vient des loix :

mais il y en a une autre qu'il faut y joindre, & ſans laquelle la première n'a ni ſolidité ni ſureté.

*Evag.* Quelle eſt cette ſorte d'autorité ?

*Soc.* Appellons-là autorité intérieure. Elle conſiſte dans cet aſcendant naturel que nous donne ſur les autres, la capacité & le mérite. D'où vient, je vous prie, qu'Orphée, ſans être revêtu d'aucun pouvoir, vint à bout de civiliſer la Thrace ? C'eſt qu'on le regardoit comme le plus ſage des hommes. On étoit porté à ſuivre ſes conſeils comme des loix,

& ſon exemple comme un modèle. Au contraire, il n'y a qu'à voir la pauvre figure que font les Monarques peu eſtimés.

*Evag.* Je crois que l'Hiſtoire en doit fournir aſſez d'exemples.

*Soc.* Hélas, à chaque page: & c'eſt la ſource de leurs malheurs, comme du malheur des peuples qui leur ſont ſoumis. En qualité d'homme, un Souverain qu'on n'eſtime pas eſt privé de l'amitié & de la confiance qui ſont le charme & la ſûreté de la vie privée. Comme Prince, ſon autorité en eſt ébranlée & avilie. Les autres Souverains ne ſe fient point à lui ou le négligent ; ſes Miniſtres ne lui ſont point affectionnés ; ſes Courtiſans s'en moquent ; ſes Sujets le haïſſent ou le mépriſent. Lâche-t-on quelque ſatyre contre lui ? elle trouve aiſément créance, parce qu'on le croit aiſément capable de tout le mal qu'on en dit. A-t-on découvert ſon incapacité ou ſes mauvais penchans ? mille gens artificieux s'empreſſent à en abuſer. On lui obéit à regret, on le ſert mal, il eſt entouré de gens ſuſpects & diſpoſés à le trahir. Tout manque à un Prince décrédité, tout eſt en déſordre autour de lui. Le vulgaire qui voit certains revers ne regarde que la cauſe prochaine & apparente : mais approfondiſſez les choſes, vous trouverez que le mal vient de loin ; c'eſt un arbre dont les racines ont été peu-à-peu deſſéchées & pourries ; faut-il s'étonner qu'avec ſi peu d'aſſiette un coup de vent l'ébranle & l'abatte ?

*Evag.* On pourroit faire un portrait bien oppoſé à celui-là.

*Soc.* Je vous en laiſſe le ſoin Evagore ; faites-le vous-même : il ſiera bien dans votre bouche.

*Evag.* Je vais l'essayer, puisque vous le voulez. Si un Souverain sçait joindre à la dignité de son rang cette sagesse, cette droiture, & cette bonté, qui naturellement gagne les cœurs, il sera honoré & chéri de tout son peuple comme un bon pere l'est dans sa famille ; on lui obéira sans peine, persuadé qu'il ne commande rien que de juste, & que ses Ministres sont bien choisis. On payera les tributs sans répugnance, parce qu'on ne croira pas qu'ils soient imposés mal à propos, ni qu'ils soient mal employés. Chacun demandera au Ciel la prolongation de ses jours ; les autres

Princes craindront de ſe deshonorer en l'offenſant, & ſi quelqu'un l'attaque, les autres prendront ſa défenſe. Un Prince perſonnellement eſtimé, eſt toujours plus fort qu'un autre, parce qu'il a plus d'amis & moins d'ennemis.

*Soc.* J'aurois eu tort de ne vous pas laiſſer faire ce portrait, vous y avez très-bien réuſſi.

*Microp.* Peut-être trouvera-t-on que les avantages que l'on tire de l'eſtime publique pour le ſoutien du thrône regardent ſeulement les Souverainetés électives, où un Prince a beſoin des ſuffrages de ſa Nation pour parvenir à régner.

*Soc.* Si un Prince héréditaire n'a pas beſoin de ſuffrages pour parvenir au thrône, il en a toujours beſoin pour y trouver de l'honneur, de l'agrément, de la ſûreté. C'eſt du concours des autres volontés avec la ſienne que naiſſent tous ces avantages: d'ailleurs il ne faut jamais perdre de vue l'inſtitution primitive de la Royauté.

*Evag.* Que voulez-vous dire, Socrate?

*Soc.* Les premiers Royaumes

étoient électifs, & c'étoit bien la meilleure forme de gouvernement, tant qu'il y avoit de la modération entre les hommes; parce que le choix ne pouvoit que tomber sur une personne d'expérience & de capacité. Mais l'ambition ayant causé à ce sujet des cabales & des guerres civiles; la plûpart des peuples aimèrent mieux courir le risque d'avoir un Roi par droit de naissance, que d'acheter si cher un Roi de leur choix; cependant les sages tâchèrent en même-tems de remédier à cet inconvénient.

*Microp.* Comment cela?

*Soc.* En prenant ſoin de bien élever les enfans des Rois, & d'écarter d'eux tout ce qui eût pu les corrompre. Par là on s'aſſuroit, autant qu'il étoit poſſible, d'avoir en eux des Princes auſſi capables de bien gouverner, que ſi on les avoit choiſis exprès. Ce moyen quand il réuſſit, concilie heureuſement les avantages des deux formes de Gouvernement : on a un bon Souverain, & on l'a ſans diſcorde & ſans trouble.

*Evag.* Sur ce pied-là je connois combien il ſeroit indigne d'un Prince de ſe prévaloir de ſa naiſſance, pour valoir moins que s'il devoit être élu. Celui de ſes ancêtres qui l'a été, l'a été ſans doute par ſon mérite, & l'on a compté que ſes deſcendans le remplaceroient à tous égards. Qui occupe ſon rang, doit auſſi avoir ſes vertus ; & le moins que doive un Prince à une Nation qui a rendu le Sceptre héréditaire dans ſa famille, c'eſt de faire en ſorte qu'elle n'ait pas lieu de s'en repentir. Il eſt beau de faire dire à tout un peuple : Quand nous aurions choiſi un Souverain, nous n'en aurions pas choiſi d'autre que celui que l'ordre de la ſucceſſion nous donne.

*Soc.* C'eſt être véritablement Prince que de l'être de cette manière. Je ne vous quitterai point, ſans vous embraſſer, mon cher Evagore, tant j'ai de joie à voir en vous ces ſentimens.

# SEPTIÉME DIALOGUE.

## *Sur l'Indolence.*

SOCRATE, EVAGORE.

*Evag.* DItes-moi, Socrate, vous qu'on nomme le Médecin de l'ame, quelle peut être la maladie de mon ami Anaifthéte?

*Soc.* Dites-m'en les fymptômes, & nous verrons comment on doit la qualifier.

*Evag.* Il ne penfe fortement à rien, il penfe peu de fuite;

les chofes importantes ne le frappent pas plus que les bagatelles ; & quoi qu'il faffe de férieux, un jouet, une mouche, fuffit pour le diftraire. Il n'eft pas plus occupé de fes plaifirs que de fon travail, & fes chagrins paffent auffi vîte que fa joie. En un mot, on diroit que les idées ne font que gliffer fur la fuperficie de fon ame, fans y faire impreffion.

*Soc.* Votre ami eft-il lourd & pefant de corps ? Car je ne le connois point ; eft-il lent dans fes mouvemens ?

*Evag.* Non, il aime à remuer & à badiner.

*Soc.* C'eſt donc indolence & pareſſe d'eſprit.

*Evag.* Cette maladie eſt-elle dangereuſe, Socrate?

*Soc.* Des plus dangereuſes.

*Evag.* Mais pas autant, je penſe, que les travers d'eſprit, que les vices & les paſſions violentes?

*Soc.* Je ne ſçais : que préféreriez-vous, Evagore, d'une maladie aiguë, ou d'une langueur habituelle?

*Evag.* Je craindrois preſque plus la langueur, quoique le

péril n'en ſemble pas d'abord ſi grand.

*Soc.* J'en dis autant de l'indolence. C'eſt un mal lent & imperceptible ; mais qui énerve & ruine peu-à-peu notre conſtitution, & qui à la longue n'eſt pas moins pernicieux que les paſſions turbulantes.

*Evag.* Comment cela, Socrate ?

*Soc.* Vous l'allez voir : l'homme eſt-il né pour la vie active ou paſſive ?

*Evag.* Qui dit la vie, dit un état actif, autrement ce ſeroit une mort. Toutes nos facultés ſont de telle nature, qu'elles demandent d'être exercées, & il y a dans chaque état des devoirs & des fonctions à remplir.

*Soc.* Fort bien, Evagore; & je n'en veux pas davantage, pour montrer qu'un indolent n'eſt dans aucun ſens ce qu'il doit être; car il ne ſçauroit ni remplir, comme il faut, les obligations de ſon état, ni jouir agréablement de la vie.

*Evag.* Voilà deux grands points, Socrate. Quoi, vous le condamnez à n'être ni homme de mérite, ni homme heureux? Cela est terrible.

*Soc.* C'est lui-même qui s'y condamne ; pour moi je ne fais que l'en avertir & le plaindre.

*Evag.* L'indolence est-elle donc un si grand obstacle à toutes les fonctions qu'un homme doit exercer ?

*Soc.* Jugez-en vous-même : n'est-il pas vrai que pour quelque emploi que ce soit, depuis le sceptre jusqu'à la houlette, il faut quelque habileté ; il faut une certaine mesure de raisonnement, de sçavoir &

d'application ; ſans quoi l'on ſera tout de travers.

*Evag.* Cela eſt vrai.

*Soc.* Mais comment peut-on apprendre à raiſonner juſte ? Quelle habileté peut-on acquerir, ſi l'on n'a nulle ardeur pour apprendre, nulle attention dans ſes leçons, nul goût pour l'occupation ? Rien ne s'arrête alors dans la mémoire, les meilleures inſtructions ne prennent point racine, c'eſt une ſemence jettée dans un ſable mouvant. Je vous ai déja dit que je ne connois point votre ami ; mais je gagerois bien

bien que ſes progrès ſont légers & ſon ſçavoir des plus minces.

*Evag.* Je comprens bien que les ſciences de mémoire ne s'apprennent pas ſans application. Mais il n'en faut pas tant pour les choſes de jugement ; & quand il s'agit de diſcerner le vrai du faux, un indolent peut avoir le ſens auſſi droit & le coup d'œil auſſi juſte qu'un autre.

*Soc.* Les choſes les plus ſimples & les plus faciles demandent un certain degré d'attention & d'application, dont un Indolent devient incapable, s'il s'abandonne à l'inaction de l'eſprit. D'ailleurs, la plûpart des affaires ſont compliquées; il faut diſcuter un fait, il faut enviſager un objet ſous pluſieurs faces, il faut apporter des diſtinctions, des exceptions, des limitations, il faut prendre des milieux; & c'eſt ce que ne fait point un homme nonchalant: car ou il décidera legérement & ſans connoiſſance, ou il ſe laiſſera conduire ſottement & en aveugle, à gens qui prennent de l'aſcendant ſur lui.

*Evag.* Je comprens bien qu'il ſe repoſera volontiers ſur ceux qui flatent ſa pareſſe.

*Soc.* Le jugement ne s'exerce pas ſeulement ſur le vrai & ſur le faux , ſur le juſte & ſur l'injuſte ; il doit encore nous ſervir à meſurer le degré d'importance , ou l'utilité de chaque choſe ; n'eſt-il pas vrai ?

*Evag.* Sans doute , il faut ſçavoir meſurer & apprécier au juſte les biens & les maux ; c'eſt là un des points les plus néceſſaires pour rendre un homme judicieux.

*Soc.* Suffit - il de faire cette eſtimation par le raiſonnement; ou s'il faut que nos affections & les mouvemens de notre cœur ſoient proportionnés à la valeur des choſes ?

*Evag.* Comme il s'agit ici d'une qualité relative à notre bonheur, il faut que l'intérêt que nous y prenons ſoit plus ou moins vif, que la chaleur avec laquelle nous y penſons, ſoit plus ou moins grande, & que l'activité avec laquelle nous recherchons ou nous fuyons les objets, ſoit plus ou moins forte, ſelon le plus ou le moins de bien ou de mal qui en peut réſulter. En un mot, l'ame doit s'émouvoir conformément à la nature des choſes qui l'intéreſſent.

*Soc.* Vous n'appelleriez donc pas un homme ſenſé celui qui craindroit autant de ſe faire une égratignure au doigt que de perdre un bras, ou qui ſe paſſionneroit autant pour une partie de paume que pour le ſalut de la Gréce ?

*Evag.* Non aſſurément, ce ſeroit là un renverſement de ſens.

*Soc.* C'eſt donc une ſotiſe de ſe paſſionner pour des bagatelles comme pour des ſujets importans ?

*Evag.* Oui, c'eſt le défaut des têtes chaudes.

*Soc.* Et de ne prendre rien à cœur, de ne s'émouvoir pas plus pour les grandes choſes que pour les petites, qu'eſt-ce, je vous prie ?

*Evag.* Autre ſotiſe ; c'eſt le défaut des eſprits indolens. Une ame bien conſtituée ſera frappée du grand, du beau, de l'utile, & cela avec un degré de vivacité proportionné à la nature de l'objet. Puiſque l'homme eſt un être ſenſible, il doit être touché ou ému à propos ; & la ſenſibilité n'eſt blâmable qu'autant qu'elle eſt mal placée, c'eſt-à-dire, quand elle eſt au-deſſus ou au-deſſous de ce que les choses méritent. Me permettriez-vous, Socrate, d'employer une comparaison ?

*Soc.* Vous sçavez, mon cher Evagore, que je n'en suis pas ennemi.

*Evag.* Je dirois donc qu'il en est de notre ame comme d'une lyre, dont les cordes plus ou moins tendues doivent rendre un son tantôt plus doux, tantôt plus fort, selon le sujet que l'on veut chanter.

*Soc.* Fort bien ; vous n'aimez donc pas la monotonie ?

*Evag.* Ah ! rien n'est si froid ni si insipide.

*Soc.* Vóilà pourtant ce qu'eſt l'indolence. Ne s'animer pas plus pour l'eſſentiel que pour l'acceſſoire, & ne pas donner plus d'attention aux grandes choſes qu'aux petites, c'eſt imbécilité, c'eſt manquer de ce jugement qui caractériſe l'homme ſage, de ce goût pour le beau qui fait l'homme d'eſprit, & de cette ardeur pour le grand qui fait le Héros.

*Evag.* Mais quoiqu'un homme ſe montre nonchalant dans les petites choſes, il peut ſe réveiller & s'animer quand l'importance du ſujet l'exigera.

*Soc.* Croyez-vous, Evagore,

qu'un Sibarite ne manquera ni de force ni de courage dans le besoin ?

*Evag.* L'expérience fait voir que la vigueur du corps se perd dans une vie molle, & ne s'entretient que par l'exercice.

*Soc.* Il en est de même des forces de l'ame. L'attention est une qualité qui ne vient pas tout d'un coup ; mais qui s'acquiert par l'usage. En vain l'importance du sujet demandera-t-elle que l'on tende, pour ainsi dire, tous les nerfs de son esprit ; une tête légère en eſt incapable ; & pour ne s'être appliquée à rien, elle ſe trouvera hors d'état de s'appliquer à ce qui l'exige le plus. C'eſt une ame aſſoupie, rien ne la réveille: ſurvient-il un péril ? elle ſe trouble, & ne remédie à rien. Un pareil caractère ne peut jamais former qu'un mince perſonnage. La nonchalance ne faiſant que croître, dégénere enfin en peſanteur d'eſprit. Croyez-moi, Evagore, il n'y a pas loin de l'indolence à la ſtupidité.

*Evag.* Mais l'on avouera du moins qu'un tel caractère n'eſt pas mal-faiſant.

*Soc.* Voyons un peu. Que diriez-vous d'un Général qui resteroit à table, quand l'ennemi approche; d'un Juge qui iroit se promener, lorsqu'il doit donner audience; ou d'un Pilote qui s'endormiroit en passant les Syrtes? Ces gens-là ne feroient-ils point de mal?

*Evag.* Ils en feroient beaucoup.

*Soc.* Et pourquoi?

*Evag.* Parce qu'ils manqueroient à un devoir essentiel, & ils feroient cause, par leur négligence, de tout le dommage qui en peut arriver.

*Soc.* La négligence, ou la ſimple inaction, peut donc être fort criminelle ?

*Evag.* Sans doute.

*Soc.* Or l'indolence, qu'eſt-elle autre choſe, qu'une habitude de négligence & d'inaction, qui s'étend à tout, qui ôte & la capacité & la volonté de s'acquitter d'aucune fonction, & qui empêche ainſi qu'on ne rempliſſe les devoirs de ſon état ? Je ne vous parle point en l'air ; parcourez le monde, liſez l'hiſtoire, & vous verrez que les négligences ont eu des ſuites auſſi pernicieuſes que les crimes, & que les peuples ne souffrent pas moins de la nonchalance d'un Roi foible, que des passions d'un Roi méchant. L'un fait le mal, l'autre le laisse faire; cela ne revient-il pas au même pour le public?

*Evag.* Vous m'effrayez, en vérité, par la peinture que vous faites de ce défaut: je ne l'aurois pas cru de si grande conséquence.

*Soc.* J'avoue pourtant qu'il y a un ordre de gens en qui il n'est pas si dangereux pour le public.

*Evag.* Et qui, je vous prie,

afin que je voie ſi mon ami ne ſeroit point excuſable par cet endroit ?

*Soc.* Je parle des gens qui ne veulent vivre que pour eux-mêmes, & qui conſentent à n'être rien dans le monde. Si Anaiſthéte eſt de ce nombre, ſon indolence ne ſera pas ſi funeſte à la ſociété ; mais s'il aſpire aux grands poſtes, c'eſt un défaut capital. Il faut ou remplir dignement une place, ou l'abandonner ; il n'y a pas de milieu. Autrement ce ſeroit trahir le public & ſe deshonorer ſoi-même, que de ſe montrer indigne du rang qu'on occupe.

*Evag.* Je ſens bien que vous n'exigez rien que de juſte ; mais cela me met en peine pour mon ami ; car il eſt homme à vouloir tenir ſon rang ; & comment le tenir ? comment développer ſes talens ſans effort & ſans activité ? cela eſt impoſſible. Il eſt fâcheux en vérité qu'un état auſſi agréable que la pareſſe ſoit ſi incompatible avec nos devoirs.

*Soc.* Que dites-vous là ? Vous appellez la pareſſe agréable. O Evagore, ne faites point ce tort à la Nature, ou pour mieux parler, à la Providence divine ; elle a mieux aſſorti que vous ne croyez nos devoirs & nos plaiſirs.

*Evag.* Comment cela, Socrate ?

*Soc.* Répondez d'abord à une ou deux queſtions : car vous ſçavez que c'eſt ma méthode. Qu'arrive-t-il à une machine qui eſt trop rudement ſecouée.

*Evag.* Elle ſe briſe.

*Soc.* Et qu'arrive-t-il à une machine qui eſt long-tems en repos ?

*Evag.* Elle ſe rouille & ſe gâte.

*Soc.* Si vous étiez le maître de faire une machine ſenſible & capable de pourvoir par elle-même à ſa conſervation, quand voudriez-vous qu'elle eût un ſentiment douloureux & déſagréable ?

*Evag.* Quand elle ſe fatigue, afin de l'avertir qu'elle a beſoin de s'arrêter.

*Soc.* Et voudriez-vous qu'elle eût une ſenſation agréable dans un état de repos ?

*Evag.* Non ; c'eſt une autre extrémité, qui lui nuiroit autant qu'un mouvement exceſſif,

& dont par conſéquent il faut encore qu'elle ſoit avertie.

*Soc.* A quel état donc attacheriez-vous le plaiſir ?

*Evag.* Je l'attacherois plutôt à un exercice modéré, comme au ſeul état qui lui ſoit réellement utile.

*Soc.* Et pour les facultés de l'eſprit, ne doivent-elles pas auſſi être exercées ?

*Evag.* Oui, c'eſt l'unique moyen de les perfectionner & de les entretenir. Autrement l'homme s'abâtardiroit & croupiroit dans l'oiſiveté & dans l'ignorance.

*Soc.* Si vous étiez donc le dispensateur du chagrin & du plaisir, à quoi l'attacheriez-vous, afin d'exciter l'homme à chercher son vrai bien ?

*Evag.* Je ne voudrois pas qu'il outrât les travaux de l'esprit, non plus que ceux du corps ; mais je ferois ensorte qu'un exercice modéré de toutes ses facultés fût pour lui une source d'agrémens.

*Soc.* Eh bien, ce juste milieu que vous trouvez si convenable, est précisément celui qu'a pris le sage Auteur de notre être. Il a mis en nous le sentiment comme un ressort ou un attrait pour nous porter à exercer nos forces, tant de corps que d'esprit, jusqu'à un certain point; c'est-à-dire, assez pour remplir notre tâche, pour nous conserver & nous perfectionner, mais pas assez pour user & détruire une constitution délicate comme la nôtre. Quand donc l'exercice est immodéré, nous en sommes avertis par un sentiment incommode de lassitude & de fatigue. Restons-nous dans l'inaction, nous sommes excités à en sortir par un sentiment d'ennui & de langueur.

*Evag.* On dit en effet que

l'eſprit eſt comme une flamme active, à laquelle il faut toujours fournir quelque aliment. Ainſi la réflexion, la lecture, les affaires, les arts, les ſciences, en un mot, une occupation, c'eſt ce qui fait la vie de l'ame. Ne point penſer, c'eſt une ſorte de léthargie : penſer peu & foiblement, c'eſt un ſommeil.

*Soc.* N'avez-vous pas éprouvé, mon cher Evagore, que l'eſprit n'eſt jamais plus content, que quand il eſt fort occupé d'un objet ; & que tout ce qui attache, ce qui remue, ce qui captive l'attention, donne à l'ame un plaiſir ſans comparaiſon plus vif, que ne feroient les babioles & les riens dont s'amuſe un eſprit foible & ſuperficiel ?

*Evag.* Je l'avoue : cependant on voit des gens qui paroiſſent ſe divertir en ne s'appliquant à rien, & en ne faiſant que voltiger çà & là ſans attention & ſans but.

*Soc.* Point du tout, Evagore ; ces gens-là ne s'accommodent de ces ſortes d'amuſemens que par l'incapacité d'en goûter de meilleurs. Leur genre de vie ne les ſatisfait point, mais ils n'ont pas l'eſprit d'en mener une autre. Leur ame vuide & desœuvrée ne fait que languir : le tems leur paroît long ; ils cherchent à le tuer : l'ennui les posséde ; que font-ils pour le dissiper ? ils promènent leur inquiétude.

*Evag.* Mais si leur genre de vie ne leur plaisoit pas, ils en prendroient un autre.

*Soc.* Ils le voudroient quelquefois, mais la difficulté qu'ils y trouvent, faute d'y être accoutumés, les rebute ; & la foiblesse même qu'ils ont contractée les empêche de le vouloir fortement. Ils réstent ainsi dans l'inaction, par paresse & par incapacité, quoiqu'ils sentent bien que cet état n'est pas le meilleur. Ils se trouvent mal, sans avoir ni la force ni le courage de se mettre mieux.

*Evag.* Il est donc bien dangereux de laisser engourdir ses facultés dans la jeunesse. Oh, que je vais bien aiguillonner mon ami ! Je veux lui faire peur d'une chose.

*Soc.* Eh de quoi ?

*Evag.* Pythagore nous a apporté des Indes une doctrine qui a bien ses partisans en Gréce : je parle de la métempsycose.

ſycoſe. Notre ame doit paſſer, dit-on, dans le corps de l'animal avec qui nous avons le plus de reſſemblance. Je prédirai à Anaiſthéte qu'infailliblement il ſera changé en huître; cela ne peut pas lui manquer: & voyez le beau plaiſir d'être enfermé dans une écaille ſans aucun mouvement.

*Soc.* Une pareille métamorphoſe ſeroit auſſi juſte que celle de Lycaon. Mais faites plus pour votre ami; ne lui faites pas ſeulement honte de ſa nonchalance, indiquez-lui-en le remède.

*Evag.* C'eſt juſtement ce que

j'attens du Médecin que je ſuis venu conſulter.

*Soc.* A dire vrai, il ne ſeroit pas facile de réveiller un homme aſſoupi depuis long-tems, ni d'animer des gens qui auroient vieilli dans l'indolence: mais pour votre ami, qui eſt encore jeune, ce n'eſt pas un mal incurable.

*Evag.* Que faut-il donc lui dire ?

*Soc.* La première attention qu'il doit avoir, regarde le corps. Qu'il ſe garde bien de trop manger ou de trop boire, d'être long-tems à table &

long-tems au lit. Tout ce qui appeſantit le corps, influe également ſur l'eſprit ; au lieu que le mouvement & la ſobriété éveillent nos ſens, & en aiguiſent, pour ainſi dire, la pointe.

*Evag.* Et pour la direction de l'eſprit, quel conſeil lui donneriez-vous ?

*Soc.* Il faut piquer d'émulation un pareſſeux, en lui propoſant des exemples d'honneur, en l'aſſociant à des eſprits plus actifs, en le louant de ſes efforts, en attachant du deſagrément à l'inaction, & des plaiſirs à l'application ; en un mot, il faut remuer, pour ainſi dire, toutes les cordes de l'ame qui donnent quelque ſenſibilité pour l'eſtime & pour la gloire.

*Evag.* On doit pourtant ſe garder, je penſe, d'exiger d'un pareil génie trop de travail à la fois, & de le trop preſſer dans ſes études.

*Soc.* Oui, d'autant plus que ce qu'on appelle indolence, n'eſt ſouvent que lenteur d'eſprit. Or un eſprit lent peut être fort bon; mais il faut l'attendre, il faut le mener par degrés. Il ne courra pas; il avancera pourtant; & pour peu qu'il faſſe de progrès dans les commencemens, il ſe mettra en train d'en faire davantage. Il lui faut plus de tems qu'à un autre. Encore une fois, il s'agit de l'animer ſans le rebuter.

*Evag.* Vous ne voulez pourtant pas que la liberté qu'on lui accorde, aille juſqu'à l'abandonner à lui-même ?

*Soc.* A Dieu ne plaiſe ; il ſeroit perdu ſi cela arrivoit, car il ſe plongeroit dans la fainéantiſe, & deviendroit une huître, encore plutôt que vous ne l'en menaciez. Il faut le tenir toujours dans une action mêlée de récréation. La vie active eſt une ſuite de plaiſirs diverſifiés ; il y a des plaiſirs d'étude, plaiſirs de travail, plaiſirs de ſpectacle, de promenade, de converſation. L'état qui nous convient ce n'eſt pas de ne rien faire, ce ſeroit le partage des imbéciles & des ſots ; mais c'eſt de varier nos occupations en les dirigeant à notre but, & les proportionnant à notre âge & à nos forces : par-là elles deviendront toutes auſſi agréables qu'utiles. Voilà, mon cher Evagore, une œconomie qu'il faut entendre pour paſſer ſa vie heureuſement.

# HUITIEME DIALOGUE.

## *Sur l'Humeur.*

EVAGORE, SOCRATE.

*Evag.* VOus n'êtes pas le ſeul qui ramaſſiez des papiers, Socrate ; en voilà auſſi un que je trouve en mon chemin.

*Soc.* Que renferme-t-il, Evagore ?

*Evag.* Des bagatelles, au lieu que le vôtre contenoit une fiction également inſtructive &

ingénieuſe. Mais la raiſon de cette différence n'eſt pas malaiſée à deviner. Vous étiez vous-même l'Auteur de l'écrit que vous feignîtes de trouver, au lieu qu'on ne ſçait de qui vient ce chiffon.

*Soc.* Voyons pourtant ce que c'eſt ?

*Evag.* Ce n'eſt qu'un morceau de ſcène comique, & même de bas-comique. Sans doute quelqu'un de nos Auteurs qui travaillent pour le théatre, & qui viennent rêver ici, l'aura laiſſé tomber de ſa poche.

*Soc.* Quoi qu'il en ſoit, liſez.

*Evag.* Les deux Interlocuteurs ſont Cacothyme & ſon Eſclave Davus.

*Evagore lit.*

Cacoth. (Voyant venir Davus.) *Je ſuis fort content de ce garçon-là ; il eſt adroit, il eſt intelligent & ſoigneux dans tout ce qu'il fait, auſſi n'y trouvera-t-il pas mal ſon compte. En vérité quand on a comme moi d'aimables amis, de bons domeſtiques, un bien honnête & des amuſemens continuels, il y a dequoi être content. Te voilà, Davus, as-tu déja fait ton meſſage ?*

Dav. *Oui, Monsieur; mais la course que vous vouliez faire sur le chemin d'Eleusis ne se fera pas.*

Cacot. *Que m'annonce-tu là, Davus?*

Dav. *Je dis, Monsieur, que le char d'Antiphon est rompu, & qu'il ne pourra point vous mener à cette promenade.*

Cacot. *Quel contre-tems! ô Ciel! pourquoi laisser rompre ce char? Que n'y prenoit-on garde? du moins il le falloit faire réparer sur le champ. Voyez les sots amis que j'ai: on compte sur eux, & ils vous manquent tout d'un coup.*

*Il faut rompre avec ces gens-là ; ce sont des négligences continuelles : me voilà bien avancé ! que faire aujourd'hui & que devenir ?*

Dav. (tout bas.) *Qui croiroit que si peu de poussière excitât un si gros tourbillon ?* (haut) *Monsieur, voulez-vous que ....*

Cacot. *Non.*

Dav. *J'irai si vous le souhaitez.....*

Cacot. *Tais-toi, maraud. Ceci n'arriveroit pas, si tu étois allé plus matin chez Antiphon.*

Dav. *J'y suis allé, Mon-*

*sieur, aussi-tôt que vous me l'avez dit.*

Cacot. *Il falloit y aller plutôt. C'est une pitié de voir comme on est servi aujourd'hui ; ces gens-là ne devinent rien, ne pensent à rien.*

Dav. *Monsieur, le tems est beau, il ne tiendroit qu'à vous de. . . . .*

Cacot. *Le tems est beau ! grand sot ! Ne vois-tu pas qu'il s'éleve un vent qui va nous amener infailliblement de la pluie ?*

Dav. *Si cela est, Monsieur, vous ne devez pas avoir de regret à la partie que vous manquez.*

Cacot. *Ah tu veux raiſonner ? Je te donnerai ſur les oreilles : va-t-en chez. . . .*

Dav. *Chez qui ?*

Cacot. *Non , attends , je ne ſçais . . .*

Dav. (bas en s'éloignant.) *Il faut en vérité bien peu de choſe pour démonter ces gens accoutumés à faire toutes leurs volontés. Ah ! que je voudrois bien les voir à notre place ſeulement pour huit jours ! Ils ſentiroient ce que c'eſt que d'être aſſujetti aux fantaiſies d'autrui. Mais ſi nous ſommes à plaindre , ils ne le ſont pas moins ; je les trouve en vé-*

*rité aussi esclaves que nous. Ils dépendent de leurs caprices, & sont étrangement dominés par leur humeur.*

*Evagore cesse de lire.*

*Soc.* Vous vous arrêtez, Evagore ; est-ce tout ?

*Evag.* Oui, mon papier finit-là, & il me semble qu'en effet la scène est achevée. Qu'en pensez-vous, Socrate ?

*Soc.* Il me semble d'y voir un portrait assez bien tracé ; c'est celui d'un jeune-homme de mauvaise humeur. On pourroit bien y joindre d'autres traits pour achever le tableau.

*Evag*. Et quels traits, je vous prie ?

*Soc*. Je connois un jeune homme qui non-seulement, quand une partie de plaisir lui manque, se met à gronder : il le fait en général quand il voit ses plans dérangés, quand il n'obtient pas ce qu'il souhaite, quand il ne réussit pas du premier coup à ce qu'il entreprend avec nonchalance, quand on ne l'entend pas à demi mot, quoique parlant très-bas & peu distinctement, quand il est fatigué pour s'être donné trop de mouvement, quand il est ennuyé par l'oisiveté, souvent enfin ſans ſçavoir pourquoi. Alors il ne fait pas bon l'approcher ; il boude, il prend tout de travers, il a l'air & les manières rudes, il vous bruſquera pour le moindre ſujet.

*Evag.* Vous faites-là le portrait d'un homme aſſez haïſſable & bien malheureux. Cet homme eſt ſans doute d'un tempérament mélancolique.

*Soc.* Non, c'eſt le portrait d'un homme qui eſt à l'ordinaire aſſez gai, aſſez agréable, & qui ne prend de la mauvaiſe humeur qu'en de certains momens, comme ceux dont j'ai parlé. Peu de chose le trouble & le déconcerte.

*Evag.* Il s'agit donc d'une tête chaude que la moindre cause irrite & met en feu ?

*Soc.* Ce n'est pas cela non plus. Mon homme est en général d'un caractère doux ; mais au lieu de se fâcher en grand, il se fâche en petit ; au lieu d'un accès de colère, il a cent petits mouvemens d'impatience, & de dépit : c'est la valeur d'un accès de colère distribué en détail ; mais au fond, l'un est bien l'équivalent de l'autre.

*Evag.* Quoi? ces ſortes de mouvemens ont-ils le même principe?

*Soc.* Oui, ils proviennent de l'amour-propre, de l'attachement à ſa volonté & à ſes goûts, & ſur-tout de l'attachement aux petites choſes. Nous voudrions que tout nous cédât, que tout s'applanît devant nous, que tout allât à notre gré. Survient-il quelque traverſe? la bile s'échauffe, & alors on ne raiſonne plus, on parle en homme piqué, c'eſt-à-dire, preſque toujours en homme ſot & injuſte.

*Evag.* Où eſt la ſotiſe dont vous parlez?

*Soc.* Dites-moi, Evagore, en quoi vous faites consister le bon-sens ?

*Evag.* Le bon sens consiste, je crois, à démêler le vrai du faux, & à estimer chaque chose son juste prix.

*Soc.* Fort bien. Si donc on est ému & fâché pour un petit contre-tems comme pour un grand revers, si cette indisposition fait qu'on raisonne mal, si par-là on passe de mauvais quarts-d'heure là où un homme sage resteroit de sang froid, si l'on séme d'épines un chemin tout uni ; est-ce-là, je vous prie, faire usage de sa raison ?

*Evag.* Il eſt vrai que dans la ſcène que nous avons lue, Cacothyme raiſonne tout de travers ; car il exagère les choſes, & ſon imagination lui groſſit le ſujet de ſon chagrin. C'étoit d'abord un homme content ; le voilà tout-à-coup de mauvaiſe humeur & emporté, pour une bagatelle. A dire vrai, cela eſt ſot & petit. Mais au moins, Socrate, il ne fait tort qu'à lui-même ; pourquoi donc le taxez-vous encore d'injuſtice ?

*Soc.* Cacothyme avoit-il raiſon de ſe plaindre de ſes amis & de bruſquer ſon valet ?

*Evag.* Non, mais ce ne ſont-là que des paroles ; il ne leur fait aucun tort réel, & après-tout, ce petit nuage paſſe.

*Soc.* Oui, mais ces paroles offenſent & ne s'oublient jamais. Qui eſt-ce de nous qui voudroit être expoſé à de pareilles boutades ? celui qui ſe les permet à ſoi-même, eſt fort choqué quand il les ſouffre de la part des autres.

*Evag.* Mais on ne peut pas toujours s obſerver ni ſe gêner, ſur-tout avec des gens familiers, & qui dependent de nous.

*Soc.* Pour qui penſe bien, ce n'eſt point ſe gêner que d'être doux, équitable & raiſonnable. L'équité eſt due à tout le monde, & nous nous devons à nous-mêmes de reſpecter toujours la raiſon. Eſt-il honorable pour un maître que ſon valet joue un plus beau rôle que lui ?

*Evag.* Que voulez-vous dire, Socrate ?

*Soc.* Oui. Si pendant qu'un maître ſe permet d'être bruſque, fantaſque, impatient, le rôle du valet doit être de ſe montrer doux, retenu, modéré ; lequel des deux, à votre avis, fait voir le plus de jugement ?

*Evag.* J'avoue que c'eſt le dernier.

*Soc.* Si donc nous voulons que nos inférieurs ſoient ſi raiſonnables, il faut l'être nous-mêmes. Voudrions-nous leur céder ? S'ils étoient plus parfaits que nous, ils mériteroient de tenir notre place.

*Evag.* Je vois bien que c'eſt un plus grand défaut que je ne croyois, de ſe laiſſer aller à ſon humeur.

*Soc.* Oui, Evagore, & beaucoup plus qu'on ne le croit communément. L'on ſe dit bien qu'il faut être en garde contre les vices ; un honnête homme ne ſe permettra point de grands écarts. Mais bien des gens ne s'obſervent pas aſſez du côté de l'humeur ; ils croient que c'eſt une choſe de petite conſéquence. Cependant ces petites choſes décident de l'amitié ou de la haine que nous inſpirons à nos égaux, de l'attachement ou de l'averſion que prennent pour nous nos inférieurs, des bons & des mauvais momens que nous paſſons dans le monde. Ces petites choſes reviennent tous les jours,

&

& ce font elles qui troublent le plus la douceur de la vie. Helas! qui en peut mieux parler que moi? Prenez-y garde, Evagore, quand il s'agira de faire le choix d'une époufe. On demande pour l'ordinaire, *eft-elle belle, fage, riche, noble?* ayez foin de demander encore, eft-elle de bonne humeur? C'eft, je vous affure, un point effentiel. On ne doit pas manquer de faire la même queftion en choififfant un ami, ou en fe donnant un maître.

*Evag.* Je m'en fouviendrai, Socrate, en tems & lieu. Mais dites-moi pourquoi l'on voit les grands Seigneurs & les gens riches être plus dominés que les autres par leur humeur, & plus portés a l'impatience ?

*Soc.* J'en vois deux causes ; l'une qu'ils tiennent à trop de choses extérieures & fragiles, qui dès qu'elles viennent à leur manquer, sont pour eux une source de chagrin. Figurez-vous un homme tout entourré de verres & de miroirs artistement rangés ; il ne sauroit presque faire un pas sans quelque accident ; & de la manière que l'homme est fait, il se fâche autant pour les petites choses que pour les grandes. Il est donc très-important de ne point dépendre de tant de ſuperfluités caſuelles, de ne pas s'attacher aux minuties, & de chercher ſon contentement dans des biens ſolides, faciles à acquérir & peu ſujets à nous manquer.

*Evag.* Oui, par exemple, ſi Cacothyme avoit été accoutumé à l'occupation & à la lecture, s'il eut ſçu ſe contenter d'une promenade à pied, & ſe paſſer de compagnie, il n'auroit pas été ſi fâché de voir ſa partie de plaiſir rompue, & ſon humeur n'en auroit pas été altérée. Plus on trouve de ressource en soi-même, moins on est frappé des contre-tems qui surviennent.

*Soc*. Voilà une très-bonne philosophie, Evagore. Anoblissons nos goûts, resserrons nos besoins, accoutumons-nous à la vie simple, & arrêtons-nous à ces plaisirs naturels qui se trouvent aisément dans un exercice raisonnable de nos facultés, soit de corps soit d'esprit. C'est le vrai secret pour dépendre peu des autres hommes & peu des accidens de la fortune. C'est le vrai moyen d'acquerir cette sérénité d'ame qui fait notre bonheur, & en même tems le bonheur d'autrui.

*Evag.* Vous parliez d'une autre cauſe de l'humeur.

*Soc.* Oui, c'eſt l'orgueil ou l'amour propre, qui croit ne devoir ſe gêner pour perſonne & qui fait que s'attachant trop à ſes deſirs & à ſes propres volontés, on ne peut rien ſouffrir qui les traverſe. Voyez un enfant gâté; il eſt ſi accoutumé à être ſatisfait & prévenu dans toutes ſes fantaiſies, qu'il pleure & crie au moindre refus. Il en eſt de même de ceux que leur fortune met en état de ſuivre tous leurs goûts, & qui ſont entourés de gens qui les flattent. Dès qu'une choſe ne va pas à leur gré, leur fiere délicateſſe en eſt bleſſée ; les voilà qui s'irritent : ou s'ils n'oſent pas s'emporter ouvertement pour de légers ſujets, ils grondent tout bas ; & malheur à ceux ſur qui peut s'épancher impunément leur bile.

*Evag.* Ainſi Davus n'avoit pas tort de ſouhaiter que ces petits Meſſieurs fuſſent eſclaves ſeulement pour huit jours. Ils apprendroient à faire plier leur volonté, & à n'avoir pas tant de fantaiſies.

*Soc.* Ce ſeroit en effet le vrai reméde. Mais comme ce changement de condition n'arrivera pas ſi-tôt, je conſeille à chacun de tirer de ſa propre raiſon tout le ſecours poſſible pour ſe rendre l'humeur égale & douce.

*Evag.* Et à quoi, je vous prie, reduiriez-vous les conſeils de la raiſon ſur ce point.

*Soc.* D'abord je voudrois que l'on fît ſouvent des réflexions pareilles aux nôtres ſur l'injuſtice, le ridicule & les inconvéniens de la mauvaiſe humeur; on auroit ſurement quelque honte d'y tomber.

*Evag.* Mais ſouvent il arrive qu'on remarque fort bien ce défaut chez les autres, ſans le ſentir chez ſoi.

*Soc.* Cela eſt vrai ; mais avec un peu de réflexion, il n'eſt pourtant pas difficile de s'appercevoir ſi l'on parle ou ſi l'on agit par humeur. Une exagération, un emportement, un refus d'écouter des raiſons, ſont, ce me ſemble, des marques bien ſûres que notre eſprit n'eſt pas dans ſon aſſiette naturelle ; & tandis qu'on eſt jeune & que l'eſprit eſt flexible, on peut aſſurément ſi l'on veut, ſe corriger de ce défaut.

*Evag.* Un fidéle ami ne pourroit-il pas nous aider à nous mieux connoître ?

*Soc.* Ce ſeroit ſans doute un des meilleurs offices qu'un ami pût nous rendre. Défions-nous de nous-mêmes, & regardons-nous avec les yeux d'autrui ; c'eſt l'unique moyen de nous juger ſans prévention.

*Evag.* N'eſt-il point dangereux, pour le défaut dont nous parlons, de vivre trop avec des ſubalternes ?

*Socrat.* Sans doute, des ſubalternes ſont trop complaiſans pour nous & ſupportent trop nos caprices. Il vaut mieux vivre avec des ſupérieurs ou des égaux qui ne nous cédent pas ſi aiſément : on s'obſerve avec eux ; & à force de céder à la volonté d'autrui , la notre perd de ſa roideur & devient plus ſouple. Il eſt bon auſſi pour un homme ſujet à l'humeur , de n'être pas trop ſeul ni oiſif, par la raiſon qu'avec ſoi-même on ne ſe gêne pas, & qu'étant oiſif on rêve creux.

*Evag.* Ne ſeroit-il pas utile auſſi, Socrate, de nous priver quelquefois des choſes que nous deſirons le plus, & de rompre volontairement des plans que nous avons formés ?

*Soc.* Oh ! mon cher Evagore, vous allez devenir un vrai Spartiate, vous vous entendez à merveille à discipliner l'homme. C'est par-là en effet que l'on parvient à dompter peu-à-peu ses passions, à tempérer son humeur, & à en réprimer les saillies. C'est ainsi qu'on devient véritablement grand & libre, & qu'en régnant sur soi-même, on se rend digne de régner sur les autres.

*FIN.*